子育ての悩みは
保育士に聞いてはいけない

はじめに

はじめまして、山本勇伍と申します。

私は現在、福岡県で「オハナ保育園」という保育園の園長をしています。

この本を手に取っていただき、ありがとうございます。

園長の私が付けるにはあまりにも不適切なタイトルかとは思いましたが、少しでもみなさんにインパクトを与えたく、少し極端なタイトルとなりました。

厳密に言えば、「保育士の言うことだから正しい」と思い過ぎない様に！　ということです。

この本では「親の子育てと保育士の子育ては違う」という大きなテーマの元、進めてまいります。

この本を読んだ後、みなさんにこんな変化が起こることを願っています。

・子育ての悩みや不安が少しでも軽減される
・自分なりの子育ての方法を見つけられる
・子どもとの関係がより良くなる
・親としての自信が高まる
・子育てを楽しめるようになる

子育ては大変なことも多いですが、同時にかけがえのない喜びに満ちた経験でもあります。この本が、そんな子育ての旅路の中で、少しでもお役に立てれば幸いです。

さて。私が保育園事業を始めたのは27歳のときでした。

それまでは全く畑違いの営業職をしていました。

きっかけは、当時5歳だった息子が通っていた保育園での出来事。息子が何度も顔に傷を作って帰って来るようになったのです。ちょっとした傷ではありません。ときにはしばらく痕が残るようなひっかき傷もありました。

「うちの子に何があったんだろう」と不安になり、保育園に説明を求めても、まともに応じてもらえず、「保育園で起こったことは、保育園で処理しますので」と言われたくらいです。


今考えるとひどい保育園だったと思いますが、当時は何もわからなかったので、それ以上の説明を求めることもできませんでした。

保育園の改善が見られなかったので、一時的に預けるのをやめました。

当時は、信頼してお金も払って自分の大事な子どもを預けているのに、なんで傷を作って帰って来なければならないのかと悔しく思いました。

そのころから、

「大切な子どもを傷つけないためにも、同じように不安になっている親御さんをなくすためにも、自分で保育園を作るしかないんじゃないか」

と考えるように。

人の命を預かる仕事の重さに覚悟を決めるまで、数カ月の時間がかかったものの、このようにして保育園を立ち上げることを決めました。

当時は茶髪で長髪というチャラチャラした見た目もあり、保護者からの信頼を得るのに苦労しました。

「この若造に子どもを預けて大丈夫なのか」という不安の目を向けられることも少なくありませんでした。

それから10年。最初は7人だった園児も、試行錯誤の末に今では園児150人、スタッフ30人の保育園にまで成長しました。

現在は新たに3つの保育園を運営しています。

振り返れば、私自身も平坦な人生を歩んできたわけではありません。

若くして結婚した両親ですが、父は母へのDVがひどく、当時私が2歳ころに離婚していきます。父が母へ暴力をふるう後ろ姿は今でも記憶に残っています。

その後、母は再婚し、「山本」を名乗るようになりました。

私は小学生のころから野球に打ち込み、中学・高校とピッチャーとして活躍しました。高校では小さいころからの夢だった甲子園にエースとして出場。

高校卒業と同時に野球をやめ、就職しました。

営業マンとして様々な仕事をする中で、24歳で独立。

ところがタイミングが悪く、東日本大震災の影響で売上が伸びず借金を抱えることに。当時、私は結婚していて、長男も生まれて妻のお腹には長女がいたのですが、私は自暴自棄になりかけていました。

そんなときに息子の保育園の問題に直面したのです。

保育園の園長となってからの10年間、保護者の方々から実に様々な相談を受けてきました。子育ての悩み、夫婦間の問題、仕事との両立など。

そうした経験から感じたのは、どんなに時代が変わっても、子育てに正解はないということです。

愛情を持って接することは大切ですが、完璧である必要はありません。

よく「親は子どもの最初で最も重要な教師である」といわれます。

実は、私はこの言葉をあまり好んでいません。

親も子育ては初めてで、常に親1年生なのです。

5歳の子どもを持つ親は「5歳の子を持つ親1年生」ですし、6歳の長男と3歳の次男を持つ親は「6歳の長男と3歳の次男を持つ親1年生」なのです。

けっして教師ではない。

むしろ、子どもに教える以上に親自身も学んでいるはず。

だからこそ、「教師」という肩書きにとらわれず、ありのままの自分でいいのではないでしょうか。

自分の価値観を持って子どもと接する。ただそれだけで十分だと思います。

もちろん、最低限のルールは必要です。

子どもに恥じない生き方をする、配偶者に後ろ指を指されるようなことはしない、など、基本的な部分は押さえるべきでしょう。

ですが、それ以上に自分を縛る必要はありません。

人間味のある親のほうが、子どもにとっても良い影響を与えられるのではないでしょうか。


ここ数年、園長として違和感を抱いていることがあります。

それは、「今、子どもたちに与えようとしてるものが、これから子どもたちが生きていく世界で、果たして武器になるのだろうか」ということです。

現在の保育業界では、子どもを怒ったり、叱ったりはせず、子どもの主体性や人権を尊重するように、という風潮があります。

ただ、そうやって成長した人間が、学校や社会に出てきちんとやっていけるのか、私は疑問に感じています。

今のうちから、競争にさらされてわがままの通らない厳しい世界に出たときのことを考えて子育てをするほうが、よっぽど子どものためになるのではないでしょうか。

この本では、そのような風潮に対する違和感もお伝えするようにしています。

また、巻末付録として、私が保育士に出している問題を2つ、掲載しました。あえて回答は掲載しませんので、もしも回答が気になる方は私にご連絡いただければと思います。

ちなみに、こういった問題にキャリアのある保育士でも正解を出せないのが、今の保育業界ともいえます。

そういった現状を私は知っているので、タイトルのように「子育ての悩みを保育士に聞いてはいけない」と考えているという面もあるのです。

この本を通じて、子育ての楽しさや難しさ、そして保育の現場で感じたことをお伝えできればと思います。

目次

第2章 夫婦・家庭問題について

第3章　将来を見据えた教育

第4章
「抱きしめる愛情」と「横っつらをはたく愛情」

装丁：森田千秋（Q.design）
カバーイラスト：こかちよ（Q.design）
本文イラスト：中川紗弥佳
校閲：鷗来堂
編集：岩崎輝央

第1章

保育士は理屈、親は感情

「保育士」と「親」の子育ての違いとは？

保育士と親の子育ての違いは何ですか？

みなさんはこの問いに対してどう考えるでしょうか？

この問いに対する私の答えは、「保育士は理屈、親は感情」です。


保育とは仕事として成り立つもの。

そのため、私たち保育士には説明責任があり、一つ一つの行動にはロジックや理由が必要です。

たとえば、子どもたちに何を食べさせるのか、どのように声をかけるのか。

こういったことの全てに理由が求められます。

栄養バランスの良い食事を提供し、子どもの成長に適した言葉がけをするなど、専門的な知識と経験に基づいた判断が求められるのです。


一方、親の子育ては違います。

親は理屈ではなく感情で子育てをします。

体にあまり良くないとわかっていても、「好きなものを食べて笑顔になってほしいから」とフライドポテトを買ってあげたり、急いでいるときには感情的になって「何してるのよ！　早く急いで！」と言ってしまったりするのは、むしろ自然なことです。

それで良いのです。

なぜなら、親子関係の根底には愛情という感情があるからです。

実は、この感情こそが子育ての原動力なのです。

感情が先行するからこそ、出産や子育てができるのだと私は考えています。

特に母親は、時に理屈抜きで子どものために尽くすことがあります。

保育と子育ては異なるけれど、どちらも子どもの成長に不可欠。

それは決して間違いではありません。

むしろ素晴らしいことです。

なのですが、世の中では親の子育てと保育士の子育てが、一緒くたに扱われてしまう場面が多々あります。

そのため、保育士の理論的なアプローチを聞いた親が、

「それは家ではとてもできない……。私は良くない親なのかな」

と感じてしまうことも少なくありません。

保育の現場で行っていることをそのまま家庭に持ち込むのは難しいでしょう。

私は、親にはあまり理屈に縛られすぎないでほしいと思っています。

子育てに正解はありません。

時に感情的になることを恐れず、子どもとの時間を大切にしてください。

もちろん、保育士に聞いた保育の知識が役立つこともあるでしょう。

しかし、それはあくまでも参考程度に留め、自分の子どもに合った方法を見つけていくことが大切なのです。

繰り返し強調したいのは、親の子育てと保育士の子育ては本質的に異なるということ。

保育は専門性を持った仕事であり、親の子育ては愛情に基づく営みです。

どちらも子どもの成長には欠かせません。

保育園では理論的なアプローチで子どもたちの成長をサポートし、家庭では親子の絆を深めながら、感情豊かに子育てを楽しんでいただきたいと思います。

保育園を選ぶときにチェックしてほしいこと

保育園を選ぶ際、どのような点に注意すれば良いのでしょうか。

良い保育園と悪い保育園の違いとは、いったいどのようなところにあるのでしょうか。

「保育園選びはどこを見たら良いですか？」という質問をされることがよくあります。

私は長年、保育園の運営に携わってきた経験から、以下のような3つのポイントを確認することが重要だと考えています。

①保育室の死角

②園児の笑顔

③園児から保育士への関わり方

まず、「保育室の死角」について。保育室の形状を考えてみましょう。

子どもたちの安全を守るためには、園庭も室内もできる限り死角の少ない設計が求められます。

保育室内に死角が多いと、保育士が子どもたちの様子を把握しにくくなり、適切な保育が行われているか確認が難しくなってしまいます。

たとえば、L字型の部屋であれば、死角ができやすく、１人の保育士では全体を見渡すことが難しくなってしまうでしょう。

私の経験上、意外にも狭い空間のほうが怪我の率が低い。

死角が少なく、保育士の目が行き届きやすいからです。

もし死角が多い場合、保育士の人数を増やすか、見やすいレイアウトに変更するなどの対応が必要不可欠なのです。

そうなると、保育士の組織体制も重要です。

保育園の安全性を考える上で、多くの人が「保育士の数が多ければ安全」と考えがちです。

しかし、私は長年の経験から、それだけでは不十分だと感じています。

たしかに、厚生労働省の定める保育士配置基準は重要です。

現在の基準では、０歳児クラスは保育士１人に対し子ども３人、１～２歳児クラスは１人に対し６人、３歳児クラスは１人に対し20人、４歳児クラス以上は１人に対し30人となっています（今後配置基準見直し予定）。

ですが、この数字が満たされていたらそれで安全だと判断するのは危険です。

なぜなら、保育環境には様々な要因が関係しているからです。

単に人数を増やすだけでなく、効果的な役割分担と連携が必要なのです。

たとえば、園庭での遊びの時間に、誰がどの場所を見守るのか、明確に決めておくことが大切で、当園はもちろんきちんと決めています。

続いて、「園児の笑顔」と「園児から保育士への関わり方」について。

もしも可能であれば、保育園の見学の際はお昼寝時は避けて、保育士と園児とのやり取りもチェックしてみてください。

そのとき注目すべき点は、保育士ではなく「子どもたち」です。

保育士から園児ではなく、園児から保育士にどのようにコミュニケーションを取っているかが重要です。

「□□先生！　聞いて聞いて！」

などと、笑顔の子どもがたくさん集まってくる保育士は、それだけ好かれているわけで、良い先生だといえます。

保育士から園児に近づくのは演技でできますが、園児は演技ができません。

ここはよく見ておいたほうが良いでしょう。

ほかにも、朝の受け入れや夕方の送り出しの際に、保育士と保護者とのコミュニケーションを観察するのも良いと思います。

そこでのやり取りから、園全体の雰囲気や保育士の対応の質を知ることができるのです。保護者の話にきちんと耳を傾け、子どもの様子を丁寧に伝えられる保育士がいる園は、信頼できる証拠だといえるでしょう。

もちろん、保育園の掲げている理念も見落とせません。

保育室のレイアウト一つ取っても、そこには園の保育方針や理念が反映されているはずです。

単に見栄えの良さを優先するのではなく、子どもたちの成長に合わせてどのように保育していきたいのか、というビジョンを持っている園を選ぶことが重要だと私は考えます。

良い保育園、悪い保育園を見極めるには、①保育室の死角、②園児の笑顔、③園児から保育士への関わり方、という観点から総合的に判断することが求められます。

保護者のみなさんには、実際に園を訪問し、その雰囲気を肌で感じてもらうことをおすすめしています。

そうすることで、我が子にとって最良の保育園を見つけられるでしょう。

使命感だけでは質の高い保育は維持できなくなる

保育の質を高めるためには、保育士の処遇改善が欠かせないと考えています。

保育士の賃金は、現状ではとても安いと言わざるを得ません。

厚生労働省の２０２３年の調査によると、保育士の平均給与は全産業平均より約10万円低いのが現状です。

この問題は、保育業界全体で取り組むべき重要な課題だと考えています。

賃金が低いことで、保育士のモチベーションが下がってしまう可能性があるのは避けられません。

そして、モチベーションの低下は、保育の質にも影響を及ぼすでしょう。

つまり、「子どもたちのために」という使命感だけでは、長期的に質の高い保育を維持することは難しいのです。

また、保育士の仕事は決して楽ではありません。拘束時間が長く、体力的にも精神的にも負担の大きい仕事といえます。にもかかわらず、その労働の厳しさに見合った待遇が得られていないのが現状です。そういった待遇が改善されれば、経験豊富な保育士の確保や、より充実した研修の実施も可能になるでしょう。

保育園の安全性は、保育士の数だけでなく、環境設計、組織体制、そして保育の質が総合的に関わっているのです。

もちろん、賃金を上げるのは簡単ではありません。保育園の運営は国家予算に大きく依存しているため、個々の園だけで賃金を大幅に上げるのは困難です。

そのため、「保育は福祉だから」「やりがいがあるから」という理由で、低賃金が正当化されてしまう傾向があります。

私は、この考え方には強く反対します。

たしかに多くの保育士は、子どもたちへの愛情や使命感を持って仕事をしています。

しかし、それは適正な賃金を受け取る権利と矛盾するものではありません。

むしろ適正な賃金は、保育士の仕事に対する社会の評価を表すものだと考えています。

私の園では、この考えに基づいて可能な限り高い賃金を支払うよう努めています。

たとえば、先月は40万円以上の給与を受け取った保育士が複数名います。

一般的な保育士の給与が20万円そこそこだといわれる中で、これは非常に高い水準だと自負しています。

とはいえ、求人をする場合、このような高給与の実態を公表することには難しさもあります。

保育士の給与が低いという認識が一般的な中で、「20万円から40万円の給与」と言うと、嘘だと思われてしまうのです。

また、高給与をアピールすることで、かえって不信感を招く可能性すらあります。

それでも、私は保育士の賃金を上げることの重要性を訴え続けたい。保育士の仕事の価値を正当に評価し、それに見合った待遇を提供することは、保育の質を向上させ、ひいては子どもたちの健やかな成長につながると信じているからです。


保育士の賃金を上げるためには、社会全体の意識改革が必要です。

保育を単なる「福祉」ではなく、専門性の高い重要な仕事として認識し、適切な評価と待遇を与えるべきです。

そのためには、私たち保育園の運営者だけでなく、行政、企業、そして社会全体が協力して取り組む必要があります。

保育士が誇りを持って働ける環境を作ること。

それが、子どもたちの未来を守ることにつながるのです。

保育士のいうことだからと全て真に受けない

このタイトルは園長という立場として、もしかしたら言ってはいけない言葉かもしれませんが、保育と親の両方を知る私として子育てで悩んでいるみなさんが、より悩みの沼にハマらないよう強くお伝えしたいお話しです。

近年、メディアやＳＮＳ、YouTubeなどで、現役保育士が親の子育ての悩みに対してアドバイスをしているのを目にします。

ですが、これらの情報やアドバイスを無批判にそのまま受け入れることには注意が必要。

それらを無条件に信じることはおすすめしません。

なぜなら、先ほどもお伝えしたように、保育と親の子育ては本質的に異なるものであり、子どもへの接し方や育て方が異なるからです。

保育士の理屈が必ずしも全ての家庭環境に適用できるわけではありません。有名な保育士や経験を積んだ専門家の意見であっても、絶対的に正しいという訳ではないのです。

たとえば先日、親が保育士に対して子育ての悩み相談をしている記事をネットで読みました。

それは、「自分の子どもはなんでもすぐに諦めてしまう。スポーツをやらせてもすぐ辞めてしまいます。長続きさせたいのですが、どうすればいいですか」という悩み。

それに対する保育士のアドバイスは、「辞めグセがついてしまうので、一つ目標を設けたほうが良いでしょう。やりたくないなら辞めてもいいけど、クロールができる

ネットの情報が正しいとは限らない。

まではがんばろう、みたいに目標を設けてください」というもの。

一見すると理にかなった助言に思えるかもしれませんし、一理あります。

ですが、私の答えは少し違います。

①「子供の好き」は続かない
②色々な経験をさせる
③3年生以降は社会性を教える
④才能を見つける事は奇跡だと知る
⑤目先の対価（才能）を求めるより子供の努力を育む

まず大前提として「子供の好き」は続かないということです。

幼児から小学校1~2年生ぐらいまでは、どんなに本人が好きと言ったところでなかなか継続はしません。

あれだけ欲しいとねだったのに、買ってあげたらすぐ飽きる。

あの現象はまさにその象徴だと思います。

それを前提としていろいろな経験をさせることができればいいのかなと思いますし、もしそれで本人が夢中になれるものを見つけたとしたら、それは親として「ラッキー!」と思ったほうがいいと思います。


幾多もある才能の世界で、数少ない世界しか知らない子供たちが何年も続けられる「好き」に出会うのは、極めて奇跡的なことだと思っておいたほうが良いでしょう。

ただし、3年生ごろになると少し違う要素が出てくると思います。

それは「自己責任」です。

習い事を始める前、もしくは新年度を迎える前に約束をしましょう。

「必ずこの1年は頑張る」と。
言ったからには、簡単に辞められない。
約束したからには努力しないといけない。
自己責任の育みです。

目先の才能を追いかけるより、将来必ず必要となるものを今から少しずつ育んでいくことがとても大切なことなんじゃないかと私は思います。
習いごとは夢中になれるもの。好きになれるもの。才能を見つけるものだけでなく、親としては「努力の機会を与える」「自己責任を育む」といった目線も入れて探すことがベストだと私は思います。

保育園と幼稚園に優劣はない

保育園と幼稚園の違いについて質問されることもよくありますが、みなさんのイメージとして、幼稚園は「教育」保育園は「生活」といったなんとなくのイメージをお持ちではないでしょうか？

ただ近年、様々な人物の発言によって解釈が異なり、教育も学習も勉強も全てごちゃまぜになっているような気がします。

そこで、この本を読んでいただいてるみなさんには、それぞれの違いと幼稚園と保育園の違いをわかっていただけたらと思います。

まず、幼稚園と保育園の違いについて先に結論を伝えますと、管轄の違いはあれど今現在では中身についてそれほど大きな違いはありません。

理由としては、少し前から保育園は幼稚園を見習って英会話やスイミング、体操教室、勉強など、学習できるカリキュラムを導入した保育園が増えていることが1つ。

幼稚園としては、地域のニーズに合わせて延長保育を始めたり、今までは完全休園だった夏休みも預けることができるシステムになっている所が増えたり、幼稚園、保育園、それぞれお互いがお互いの方向へ歩み、それほどの差がないと言える状態になっています。

ただ、受け入れる子供の年齢だったり、料金面などは大きな違いがあります。

そもそもで、「幼稚園とは？」「保育園とは？」という疑問もあるかと思いますが、幼稚園とは学校を前提とし3歳児以上の幼児を保育し、心身のサポート並びに生活や学習の基盤を培うものであり、一方、保育園は乳幼児を対象とし、安心、安全の養護・保育をし、心身の成長のサポートをする場所です。

ご覧の通り、内容についてもほとんど差はありません。

どちらも子供達を保育し成長のサポートをする場所です。

では、なぜ内容となる定義は一緒なのに、全然違う風に感じてしまうのか？

それはいくつかの要素がありますが、まず1つは運営管理する管轄の違いです。

幼稚園は文部科学省、保育園は厚生労働省、つまり簡単に言うと、幼稚園は学校を前提とした施設で、保育園は労働者のための施設です。

たとえば、台風などの災害が来た場合、中学校や小学校と同様に幼稚園もお休みになることがありますが、保育園は労働者のための施設なので、たとえ台風などが来ても、基本休園する事はありません。夏休みがある・ないなどの話も理由は同様です。

他には保育している時間も大きいでしょう。

保育園では朝から夕方まで保育を行っている園がほとんどですが、幼稚園は大体朝からお昼過ぎ（14時くらい）までがほとんどです。

後は、受入れの園児の年齢や料金形態、そもそもの預けられる家庭の環境であるかどうかも違いがあります。

それについては保育園は厳しく、「保育を必要としている家庭のみ」が対象となり、専業主婦や家で子供を見れる環境であれば預けることが難しい、または預けることができません。

このように、管轄による枠組みや前提の違いなどで幼稚園と保育園は分かれています。ただし、幼稚園も保育園も子供たちへの関わりの定義には〝保育〟があります。「保育」とは乳幼児への安全と安定を担保し、養護と教育を行い子供たちの成長をサポートすることです。

それに加え各施設では、それぞれの特色を出し運営を行っています。ですが、昨今では事件や事故が数多く報道されており、保育を見失った施設や保育士がいるのも事実です。

私が保護者のみなさんにお伝えしたいのは、保育園か幼稚園かという選択以上に大切なのは、その園が子どもたちの成長をしっかりサポートできているかどうかということです。園の方針や日々の活動内容、先生方の姿勢などをよく見て、お子さんに合った環境を選んでください。

私たちも、子どもたちの健やかな成長のために、日々研鑽を重ねていきます。

子育ては親と保育士で協力してするもの

子育ては親だけの仕事ではありません。

特に、保育園に通う子どもたちの成長を支えるには、親と保育士が協力することが不可欠です。

子どもが親以外の大人と時間を過ごしたり、他の子どもたちと集団で過ごす保育園での経験は、親子関係を補完し、子どもの社会性を育むのに重要な役割を果たすのです。

保育園では、子どもたちは様々な社会的スキルを学びます。

これは家庭内の関係をも豊かにする可能性があります。

子どもが新しい環境で経験を積むことで、家に帰ってから親とより深い会話ができるようになることもあるのです。

しかし、ここで大切なのは、親と保育士がお互いの役割を理解し、協力し合うこと。

私たちは、親と一緒に子どもを育てる「チーム」の一員だと考えています。

子どもの成長にとって最善の方法を探るには、親と保育士が密に連携を取ることが欠かせません。

日々の保育の中で、私たちは子ども一人ひとりの個性や成長の様子を細かく観察しています。

これらの情報を親と共有し、家庭での様子もお聞きすることで、子どもの全体像を把握することができます。

そして、その子どもにとって最適な接し方や育て方を一緒に考えていくのです。

また、親と保育士の協力は、子どもの健全な成長のためだけでなく、親自身の子育ての不安や悩みを軽減する効果もあります。

私たちは、親の相談相手となり、専門的な知識や経験に基づいたアドバイスを提供することもあります。

大切なのは、子どもを中心に据え、親と保育士がそれぞれの立場で子どもの成長を支えることです。

そのためには、お互いを信頼し、子どものために何ができるかを一緒に考え、実践していくことが重要です。


子育ては決して楽な仕事ではありません。

だからこそ、親と保育士が協力し、支え合うことが大切なのです。

私たちは常に「一緒に育てましょう」という姿勢で保育に臨んでいます。

この協力関係こそが、子どもたちの健やかな成長を支える強固な基盤となるのです。

適切な指導で子どもは驚くほど成長する

子どもの発達は、保育園によるアプローチ次第で大きく変わります。

保育園に入ったころは何もできなくても、適切な指導方法を用いることで、驚くほどの成長を遂げることができるのです。

その際に重要なのは、子どもの特性や性格をしっかりと理解すること。一人ひとりの子どもに合った指導方法を見極める能力が、私たち教える側には求められるのです。

たとえば、幼児の整列指導を考えてみましょう。

整列は一見単純に見えますが、実は後ろの距離感や自分のポジショニング、周りの状況を総合的に判断する必要があるのです。

これができない子どもに対して、どのようにアプローチをするか。

これが指導者の腕の見せどころです。

私たちの保育園では、段階的な指導を心がけています。

まず、床にマークをつけて目印にします。次に、前後左右の友だちを覚えるよう促します。そして、これを繰り返し練習するのです。

このプロセスを経ることで、子どもたちは徐々にマークがなくても整列できるようになっていくのです。

ところが、このような指導法は保育士養成課程では学びません。

整列に限らず、指導には現場での経験と試行錯誤が必要であり、大切なのは指導のロジックを持つこと。

たとえば、定期的な練習を設定したり、遊びの中で空間認識を養う質問を投げかけたりもします。

「後ろの子は誰?」「さっきの前の子は誰だった?」といった具合です。

このようなアプローチを続けると、子どもたちは「自分がここにいる」という認識から、「あの子がいるから私はここにいる」という関係性の理解へと発展していきます。つまり、周囲との関係の中で自分の位置を把握できるようになるのです。

私は常々、子どもたちはもっとできると信じています。言葉が理解できる分、教え方次第でさらなる成長が期待できるのです。私の保育園では、このような教え方をしっかりと考えて実践する保育士が多いです。しかし、保護者のみなさんにとっては、こういった細かな指導方針まで見極めて保育園を選ぶのは難しいでしょう。

「この保育園はどんな所？」と一言で表現するのは難しいのが現状です。それでも私は、子どもたちの可能性を信じ、適切な指導を続けていくことが大切だと考えています。

教える側の努力と工夫次第で、子どもたちは驚くほどの成長を見せてくれるのです。

子どもの未来を豊かにする想像ゲームとは？

園長である私は、子どもたちの成長を日々見守っています。

その中で大切にしているのが「想像力を育むこと」です。

想像力は、子どもたちの未来を豊かにする重要な能力だと考えているからです。

そこで、私たちの園では以下のような想像ゲームを行っています。

このゲームは、子どもたちの想像力を刺激するだけでなく、集中力や落ち着きも養える素晴らしいもの。


ゲームの始まりは、子どもたちに「目を閉じてください。今、みんなは海の前にいます」と声をかけることから。

するとと、子どもたちはすぐにテンションが上がります。

次に、「みんなが今いるのは、砂浜ですか？　崖ですか？　それとも、船が止まっている港ですか？」と尋ねます。

子どもたちに選択肢を与えることで、自分で場面を想像する力を養います。

そして、「海の中にゆっくりと入っていきましょう」と促します。

砂浜にいる子は歩いて、港にいる子は少し恐る恐る、崖にいる子は降りてから、それぞれの方法で海に入る様子を想像させます。

「冷たいね」「ちょっと温かいね」など、感覚も一緒に想像させることで、よりリアルな体験ができます。

海の中に入ったら、「お魚を探してみよう」と声をかけます。

イメージするのは大きな魚、小さな魚、カラフルな魚などなど。

子どもたちは、「見つけた！」と元気に答えてくれます。

このゲームを通じて、子どもたちは楽しみながら想像力を働かせ、頭の中でイメー

想像力を育む「想像ゲーム」で、仕事のできる大人に。

ジを膨らませていきます。

想像力を育むことは、子どもたちの将来にとって非常に重要です。

なぜなら、想像力は大人になってからも必要不可欠なスキルだからです。

将来の危機や仕事の展開をシミュレーションする能力、いわゆる「先読み」の力は、想像力がなければ身につきません。

社会人になってからも、想像力のある人とない人では大きな差が出ます。

想像力があれば、問題解決能力や創造性が高まり、コミュニケーション能力も向上します。

逆に、想像力に乏しい人は、様々な場面

で困難に直面することになるでしょう。

だからこそ、私たちは子どものうちから想像力を育むことに力を入れているのです。

このような想像ゲームは、その良いきっかけになります。

子どもたちが楽しみながら想像力を養い、それが将来の糧となることを願っています。

第2章

夫婦・家庭問題について

「イクメン」なんて言葉はいらない

「イクメン」という言葉、みなさんよくご存じだと思います。

育児に積極的に参加する父親を指す言葉ですが、この言葉自体に問題があると私は考えています。

なぜなら、父親が育児に参加することは当たり前のことだからです。

ここからは私自身、父親でもありますので自分で自分の首を絞める発言になると思いますが、だからこそ腹を立てることがあるため、あえて一人の父親として、夫として伝えたいと思います。

子育ては決して母親だけの仕事ではありません。

子どもが生まれた瞬間から、母親の負担は急激に増加します。今までの生活が一変し、すべてが3倍大変になるといっていい。食事をし、お風呂に入り、翌日の準備をして寝るだけだった日常が、子どもの存在によって戦場と化すのです。

そんな状況にもかかわらず、父親が、「俺は仕事をしてお金を稼いでいるからさ」と言って育児から逃げるのは、あまりにも不公平。

もし母親の負担が3倍になるのなら、父親も何らかの形で3倍の貢献をすべきです。収入を3倍にすることは難しいでしょう。

だからこそ、育児や家事で貢献することを〝当たり前〟だと考えていいでしょう。

しかし、そうした当たり前のことをしている父親を「イクメン」と呼び、「イケメン」のように特別視する風潮にはかなりの苛立ちを覚えます。

自分の子どもを育てることがどうして特別なのでしょうか。

それは単に、自分の子どもに対して普通に接しているだけのはず。

父親が育児に参加することは、特別ではなく当たり前のこと。

同様に、母親が「うちの旦那はイクメンよ」といっているのを聞くと、やはり私は首を傾げてしまいます。

それもやはり当然のことなのです。

父親が育児に参加することを特別なことのように扱う必要はありません。

むしろ、このような風潮は逆効果だと考えています。

父親の育児参加を特別視することで、それが「選択肢」の一つであるかのような錯覚を生んでしまうからです。

育児は選択肢ではなく、親としての責任であり、当たり前で普通のことなのです。

私は、母親が「うちの旦那は全然育児してくれない」と嘆いたり、「●●ちゃんパパは、イクメンでいいね」と羨ましがったりするのを聞くと、心が痛みます。

そうではなく、男性自身が「育児は父親の当然の役割だ」と主張すべきなのです。

もちろん、育児に熱心な父親を褒めることを全面的に否定するわけではありません。

ですが、それを特別なことのように扱うのではなく、むしろ育児に参加しない父親を問題視するほうが健全ではないでしょうか。

結局のところ、「イクメン」という言葉が必要なくなる社会こそが、私たちが目指すべき姿なのです。

父親が育児に参加することが当たり前となり、それを特別視する必要がなくなったとき、私たちの社会は一歩前進したといえるでしょう。

育児は大変です。

だからこそ、夫婦が協力し、互いの負担を理解し合うことが重要なのです。

離婚しない理由を子どもにしてはいけない

「親が離婚すると子どもは不幸になる」

このような考えが広く流布しています。

ですが、実際はそう単純ではありません。

たしかに、離婚は子どもにとって大きな変化ですが、それが必ずしも不幸につながるわけではないのです。

むしろ、DVや経済的問題、親のアルコール依存などの深刻な問題がある場合は、離婚が子どもを救うこともあります。

私自身、2歳と高校生時の2回、両親の離婚を経験しました。

特に２歳時の離婚では、激しいＤＶを目の当たりにしました。

当時は２歳でしたが、衝撃だったのか当時の父親が母親に暴力を振るう姿は、なぜか今でも鮮明に記憶に残っています。

こういった経験から、離婚そのものよりも、その前後の家庭環境が子どもに大きな影響を与えると考えています。

私が最も懸念するのは、子どもを離婚しない理由にすること。

「あなたがいるから離婚できない」と言われる子どもの気持ちを想像してみてください。

それは大きな心の負担になります。

子どもは自分が両親の絆を壊していると感じ、罪悪感を抱くかもしれません。

また、「子どもが大きくなったら離婚する」という考えも問題でしょう。

子どもは敏感です。

両親の関係がうまくいっていないことを感じ取り、自分が成長することで両親が別れてしまうのではないかと不安になるかもしれません。

これは子どもの健全な成長を阻害する可能性が大いにあります。

離婚を決断するかどうかは、あくまで大人の問題です。

子どもをその理由にすることは避けるべきです。

もし離婚を考えているのであれば、子どもの幸せを最優先に考えつつ、大人同士で話し合い、決断することが重要です。

そして、離婚を決めた場合は、子どもに対して適切な説明をしてください。

子どもの年齢や理解力に応じて、両親が別々に暮らすことになった理由を、責任のなすりつけ合いにならないように伝えましょう。


離婚はたしかに大きな変化ですが、それ以上に重要なのは、その後の家族関係です。

子どもが親から愛されていると感じられる環境を作ることが､何より大切なのです。

私たち保育園も、そういった家庭をサポートしていく所存です。

保育園でも、途中で離婚をされる親も少なからずいます。

その場合、離婚家庭の子どもの様子、変化に特に注意を払っています。

急に泣くことが増えたり、甘えん坊になったりと、子どもなりの寂しさのサインを見逃さないようにしています。

必要に応じて、抱きしめたり、優しく声をかけたりすることもあります。

私たちは、子どもたちが健やかに成長できるよう尽力します。

子どもに寂しい思いをさせてしまっても

私の母は看護師で仕事が忙しく、私が保育園に通っていたときは、閉園ギリギリまで残っていました。

みんながバイバイして帰る中、一人残されるのは本当に寂しかったです。

けれど、振り返ると、その経験が今の私に生かされています。

両親が離婚し、一番最後まで残っていた私は、誰よりも寂しい子供の気持ちが理解できるからです。

そして親である今、保護者の気持ちも痛いほど分かります。

親が仕事で遅くなり、子どもを長時間保育園に預けることは避けられない現実です。

家族で暮らしていくために働く親を責めることはできません。

親も一生懸命です。


子どもに寂しい思いをさせることで心配な影響があるかもしれません。

心配であれば抱きしめてあげてください。

強く抱きしめて「好き・愛してる・私の宝物」だと伝えて、子供を笑顔にしてあげてください。

それで十分です。


子どもの頃、私の家は決して裕福ではなく、子どもの私から見てもかなり厳しい経済状況にありました。

電気やガスが止まったまま数日過ごすこともありました。

しかしその経験がハングリーさを生み今の私を作り上げています。

切なくもある幼少期でしたが、なにも全てがマイナスだった訳ではありません。

母親の愛情があったからこそ前向きでいられましたし、のちに育ての親となる父親のお陰で寂しさを大きく軽減することができました。

人は苦しい経験を乗り越えることで成長します。

厳しい環境で育った人が大企業の社長になる例もあるように、困難は成功の糧となり得るのです。


最近の風潮として、子どもにきついことをさせないようにする傾向がありますが、それでは真の成長は望めません。

何も失うことなく、常に快適な環境にいると、逆に脆い人間になってしまう危険性があります。

自分でやるべきことを経験し、時には傷つくことも必要です。

そうした経験が、将来の対人関係や仕事での対応力を育てるのです。

たとえば、深く傷つき立ち直った人は、他人に優しくなれるものです。

子どもたちには幸せになってほしいと誰もが願います。

しかし、その幸せを実現するためには、努力や困難を乗り越える力が必要です。

親の経済状況によって、子どもへの投資や期待は異なるかもしれません。

しかし、どんな環境でも、子どもに適度な挑戦や努力の機会を与えることが大切です。

子どもに何の苦労もさせずに幸せになってほしいと願うのは、現実的ではありません。

親も生きていくために必死なんです。

子供に辛い思いや寂しい思いをさせていると思うのであれば、その経験をのちに役立たせてくれる事を願いながら、しっかりと抱きしめあげてください。

今はそれで十分だと私は思います。

母親からは愛情を、父親からは社会性を

これは私の持論ですが、夫婦にはそれぞれの役割があり子どもに教えられる領域は父親と母親では違うと考えています。

母親からは「愛情」を学び父親からは「社会性」を学ぶことが自然であるでしょう。

まず理解していただきたいのは母親という存在は誰も代わりができない唯一無二の存在だということです。

私は高校時代、今は亡き当時の監督から次のような事を教えられました。

【父の愛は山の如く、母の愛は海の如し】

意味は「父親の愛は山のようにどれほど大きくてどれほど高くても見える程度、しかし母親の愛は海のように広大で底が計り知れない」というものでした。

両親どちらからも愛情を受けている事に感謝すること。

特に「愛」というものにおいては母親の右に出るものはいない。

当時高校で寮生活をして両親と離れて暮らす私たちに、監督が分かりやすく伝えてくれた教えでした。

当時はなんとなくノートに書き留めていたものでしたが、自分が子育てをする中でそれを強烈に体感し、当時の言葉を強く思い出すことになりました。

父親をやっていて思うこと……「母親には敵わない。」

父親との１００時間より母親との１時間。子どもからすればそれぐらいの差があるでしょう。

命は女性からしか生まれないこと、生まれるまでの十月十日お母さんのお腹の中にいること、命がけの出産、生まれてすぐの命をつなぐものはお母さんの母乳しかないこと。

それだけでも父親が敵わない理由としては十分過ぎるでしょう。

いつの時代も母親という存在は〝愛情〟でした。今も昔も変わりません。

今の時代だけ〝愛情〟を伝える方法を知っているわけではありません。

愛があるが故に頑張ってしまい、色々な情報を真に受け、メンタルが崩壊するお母さんもいます。

我が子にすることはシンプルです。お母さんの温もりを体感させ笑顔を見せてあげてください。

なぜか不思議ですが、お母さんが笑うと子どもは嬉しいんです。

お母さんの笑顔は子どもにとって安心感や幸福感の発動ボタンです。

お父さんではありません（笑）。

最近笑顔が少なくなってきたなぁ、と思った時は深呼吸して鏡の前で笑顔を作って見てください。

どんなに迷ってもまずはそこからがスタートです。

一方、〝子育て〟にはもう一つ大切な分野があります。

それは「社会性」です。

いずれは我が子も独り立ちをして社会の中で生きていかなければなりません。

その時に必要なのが社会性、家庭の中では「父性」となります。

しかし、近年この父性を発揮するはずの父親の性質が大分変わってきています。

「友だちのような存在」や「怒らない子育て」などを全面に出している父親がいますが、はっきり言うとそれは間違いです。

親子の仲がいいのはすごく良いことですし、無理に怒る必要もありません。

ですが、基本間違いを起こさない子どもはいません。

ときには友だちを傷つけたり、人様に迷惑をかけたり、道を間違えることもあるでしょう。

そんな時は、友だちではなく、親の存在が必要です。

ですが、子どもが大きくなって道にそれたとき、今まで友だちであり怒らない子育てをしていた父親が子どもを説得したところで、その子どもは果たして言うことを聞くでしょうか?

怒らずに子育てができるなら、それが1番です。

けれど私が今まで見てきた1000人以上の子どもたちの99%が、何かしらの形で間違いを起こしています。

ですが、子どもというのはそういうものです。

むしろ、大げさでもなく、叱られることをしなかった子どもは、1人もいなかったかもしれません。

今、父親が叱らずに母親が父親役まで担う家庭が増えています。

保護者や知人からもよく相談を受けることがあります。

「一体どうやったら旦那は父親らしくしてくれるのでしょうか?」

「旦那はおいしいところだけ! 子どもにとって嫌な事は全部私! 子どもは旦那が大好き。私も嫌になります……」

そんな声が年々増えているように感じます。

父親は父親なりの愛情を持ち、自ら社会で働く経験を子どもたちにしっかりと伝える。それが父親の役目だと思います。

行儀、礼儀、人間関係、ルール、モラル、道徳、「社会で生きる」という環境下において大切なことを子どもたちにしっかりと教えていく。

小さい頃から子どもと関わり、「ダメなものはダメ」「良いものは良い」と教えることが大切です。

まだ子どもが小さいからと、自分の顔をバチバチ叩かれても噛まれても笑っていたらいけません。

家庭の中ではよくても、その子はお友だちにしてしまう可能性は大いにあります。

その時、噛まれた子も保護者も笑っていられません。

子どもの将来の為にも、少しずつ少しずつ社会性を子どもに教えながら父性を発揮していただきたいと思います。

パパが寝かしてくれたらママの笑顔が増える！

子育ては母親と父親の協力作業がとても大切になってきます。

しかし、現実を見ると、どんなに父親ががんばっても、母親の10分の1にもならないのが現状でしょう。

これは決して大げさではありません。

もし父親が母親の10分の1の子育てをするとしたら、1ヶ月で3日間、丸々全部子育てをすることになります。

そんなことをできる父親はほとんどいないでしょう。

それくらい男性は普段から、子育てを女性に依存してしまっています。

もちろんお父さんも仕事を一生懸命に頑張って家族を養っています。

世の中には、「子どもの相手をしない」や「休みの日に携帯ばっかりいじってる」というような父親がいるようですが、そのような人は同じ父親として論外です。

ですが、そのような男ばかりではなく、子育てに意欲的なパパも数多くいます。

何をすればいいのか？　仕事があるから普段は難しいけど何をやれば一番効果的なのか？

そんな悩みがあるパパや、これからパパになる方にぜひマスターしてほしいことがあります。

それは「寝かしつけ」です。

寝かしつけは、子どもが赤ちゃんの時から頑張っていると、それほど難しくはありませんが、大きくなればなるほどかなり大変になってきます。

何故寝かしつけなのか？　これは私の経験上のアドバイスと私の妻のリアルな声ですので、ぜひ参考にして頂けたらと思います。

【パパが寝かしつけをマスターすると夫婦がうまくいく実例４選】

①奥さんが朝まで寝れる

私たち夫婦が子育てをしていて一番しんどかったことは、寝れないことでした。寝ても２時間から３時間。夜から朝まで通して寝ることはほぼありませんでした。睡眠が取れないと、メンタルもやられてしまいます。

疲れが取れず笑顔がなくなります。

最初の頃、夫婦２人で起きて２人であやすことをしていましたが、途中で２人であやすことに無駄を感じ、私が寝かしつけに挑戦するようになりました。

寝かしつけができるようになってからは、子どもが夜泣きをした時、そっと部屋を出て行き、寝かしつけてから部屋に戻り夜泣きする前の状態を再現していました。

静かに部屋を出て寝かしつけて戻ってきたときに、妻が同じ体勢で熟睡していると、ものすごくポイントがもらえたような、そんなゲーム的遊び感覚で寝かしつけをしていました。

父親の子育て参加は、家族のためだけでなく、自分のためでもある。

毎日ではありませんが、3日に1度ペースぐらいで妻に「今日は俺が担当」と宣言をしていました。

その結果、妻の疲れが軽減され、笑顔が増えたように思います。

②奥さんの家事が進む

パートから帰り、食事・お風呂・家事を終えた後、明日の準備をする。まだ家事が終わっていないので、子どもの寝かしつけと被ってしまい、自分の髪の毛も乾かぬまま子どもを寝かしつけている途中で、疲れで自分まで寝てしまい、「ハッ」と夜中に目が覚める。そこから明日の準備や家事の続きをするという流れは、お母さんあるあるかと思います。

これでは疲れが取れなくて当たり前です。

そのまま朝まで寝てしまった時は髪の毛はバシバシ、洗濯物は途中、寝てしまった自分に朝からがっかり。

ですが、お父さんが寝かしつけができれば、そのあいだ、奥さんは家事がはかどります。

そうすれば夫婦の会話も、奥さんからの感謝も増えるのではないでしょうか。

私も仕事が遅かったため、毎日は難しかったですが、できる限りはやる。最低でも週2回のルールでやっていました。

皆さんもできる限りの頑張りでいいので、奥さんのためにちょっとだけ無理をしてみてもいいのではないでしょうか。

③外食を奥さんが手放しで食べられる

やっぱり子どもがいても、たまには息抜きで外食ぐらいしたいものです。

しかし、そんな時ほど私の子どもたちはよく寝ていました。

私の腕の中では落ち着かないので、やはりお母さんが抱っこ。両手で抱えながら体を前後に揺さぶりながらたまに食事。

しかし、私が寝かしつけをできるようになってからは子どもも安心感を覚え、外での抱っこはほぼ私の担当となり、外食時は１００％私が抱っこしていました。

「手放しでご飯が食べられる」こんな当たり前のこともお母さんになった途端、難しい現実となってしまいます。

普段、手放しで食事をしている我々父親は、家族とたまの外食ぐらい奥さんの好きなものを手放しで自由に食べさせてあげてもバチは当たらないのではないでしょうか？

④奥さんからの感謝が増える
寝かしつけをマスターする。この本来の目的は「夫婦円満」です。

たとえ寝かしつけをマスターしても夫婦ゲンカはします。

しかし、大切なのは〝普段〟です。

お父さんはお母さんの笑顔を守るために頑張ってください。そしてお母さんの笑顔が子どもの笑顔を守ることに繋がります。

お母さんはお父さんが気持ちよく頑張ってくれるように感謝を伝えてあげて下さい。

その頑張りが子どもを守りお母さん、家族を守ることに繋がります。

そして、もう一つ。どんな些細な事でもお互いに「ありがとう」を伝え合いましょう。

「やって当たり前」などと思っていては、その先は破滅しかありません。

私も今年で結婚18年を迎えました。今まで数えきれないほど、周りが引くぐらいの大ゲンカもしてきましたが（笑）、ここまで来れたのも普段からお互いがお互いのことを想って動き、お互いに感謝することを忘れずやってきたからだと思っています。

夫婦は年契約の契約更新制だと思います。

夫婦に〝絶対大丈夫〟はありません。

私たちもあと何回、結婚記念日を更新できるのかわかりませんが、このチームとこのメンバーから離れたくないのであれば相手から必要とされ感謝される行いをすることが大事。

お互いの契約更新に繋がるはずです。

お互いを想う行動と感謝を伝えていれば円満は続くと思います。

子どもを外に連れ出すのは父の役目

父親の中には、休日を家で寝て過ごす方がいますが、それは望ましくありません。基本的に、子どもは家の中にいるよりも外で遊ぶ方が良いでしょう。外遊びの中でも、特に自然に触れたり体を動かしたりする機会を持つことが大切です。

たとえば、友だちとのボール遊びなど、単純でも体を動かす遊びが理想的です。後述しますが、「三つ子の魂百まで」という言葉がありますが、私はこれが身体的能力のみに当てはまると考えています。

幼少期から外で遊ぶ習慣のある子どもとそうでない子どもでは、成長後の体力に大きな差が出ます。

たとえば、小さい頃からボール遊びをしている子どもの握力は、後から身につけようとする場合と比べて雲泥の差があります。

バランス感覚も同様で、幼い頃の外遊びが大きな影響を与えます。

たしかに、休日に疲れている親にとって、子どもを公園に連れて行くのは面倒に感じるかもしれません。

しかし、家でずっとゲームをさせているよりも、外に連れ出すほうが子どもの成長にとってははるかに良いのです。


特に、休日に子どもが家でゲームばかりしている場合、外に連れ出すのは父親の重要な役目だと考えます。

外遊びは子どもの体力向上だけでなく、自然との触れ合いや他の子どもとの交流も促進します。

これらの経験は、子どもの社会性や創造性の発達にも大きく寄与します。

仕事のない休日は家でくつろぐのも大切ですが、ぜひ子どもと一緒に外で遊ぶ時間を作ってください。

それは子どもの成長をサポートするだけでなく、父親自身にとっても心身のリフレッシュとなり、もちろん父子の絆を深める素晴らしい機会にもなるのです。

メディアが伝える理想の夫婦像に惑わされない

「夫婦ゲンカは子どもに見せてはいけない」とメディアでよくいわれています。
たしかに、理想をいえばそのとおりでしょう。
けれど残念ながら、夫婦ゲンカは急に勃発するもの。
予定して起こるものではありません。
それを子どもに隠すことは無理な相談でしょう。

私は保育園の園長をするようになってから、テレビなどのメディアで取り上げる子育てや家庭に関する情報にアンテナを張るようになりました。

そこで感じたのは、メディアが発信する理想的な子育て像と現実とのギャップです。夫婦ゲンカに限らず、テレビや雑誌で見かける子育て論は、たしかに耳触りが良いものが多い。

ですが、実際の家庭生活はそう簡単にはいきません。

当然、私たち夫婦にもケンカはあります。

しかし一方で、子どもたちに対してはいつも、父にとっても母にとってもお互いがかけがえのない存在なのだと伝えています。

また、我が家では夫婦ゲンカに関していくつかのルールを設けています。日をまたがない、話を切ったほうが必ず次に話しかける、などです。

これらのルールを守ることで、家庭の雰囲気が壊滅的に悪くなることを防いでいます。

ちなみに、なぜこのようなルールが必要だと思いますか。

それは、子どもにとって最大の不安要素が親の離婚だからです。

私自身、子どもの頃に両親の複雑な関係を目の当たりにしてきました。

両親が長期間口をきかない状態が続いたことがありましたが、あの重苦しい空気感は今でも忘れられません。

だからこそ、たとえケンカをしても、すぐに仲直りする姿を見せることが大切だと考えています。

メディアの理想論に惑わされず、自分たちなりの方法で家庭を築いていく。

そういった姿勢が大切なのだと思います。

私たちは、18年間の結婚生活を経て、夫婦の絆はより強くなっています。

大切なのは、それぞれの家庭なりの幸せの形を見つけること。

メディアの理想像にとらわれすぎず、現実を見つめ、自分たちらしい幸せを追求することが重要なのではないでしょうか。


完璧な家庭など存在しません。

それぞれの家庭に、それぞれの事情や課題があります。

その中でどのように幸せを見つけ、育んでいくかが大切なのです。

子どもたちに、家族の絆の強さと、困難を乗り越える力を示すこと。

それこそが、メディアの理想を超えた、本当の意味での幸せな家庭の姿なのだと考えています。

そこまではない！親の影響

私は一人の親として、園長として、元子どもとしての経験から、「親ごときでは子どもは大きく変わらない」「親の影響力はそこまで強くない」という確信を持っています。

たしかに、家庭環境は子どもの成長に一定の影響を与えます。

しかし、親の言動や態度だけで子どもの人生が決定づけられるわけではありません。子どもの将来は、むしろ本人の努力や才能、そして周囲の環境との相互作用によって形作られていくのです。

たとえば、大谷翔平選手やイチロー選手のような卓越した才能を持つ人物は、親の教育方針だけで生み出せるものではありません。

また、歴史上の偉人や著名人の成功を、親の一言で説明しようとする風潮がありますが、それも誤りです。

彼らを形作ったのは、親だけでなく、周囲の環境や多様な人間関係など、様々な要因の複合的な結果なのです。

彼らの成功は、個人の資質と努力、そして様々な出会いや経験の積み重ねによって実現したものです。

メディアでは往々にして、「正しい子育て法」があるかのように喧伝されがちです。しかし、子育てに絶対的な正解などありません。

むしろ、親が自分の影響力を過大評価し、子どもの性格や人生を完全にコントロールできると考えることこそ、おこがましいのではないでしょうか。

多くの人は、自分の現在の姿を「親のおかげ」というよりも、「自分の努力の結果」

だと考えているはずです。

みなさんもそうではありませんか。

実際、私たちの人格形成には、家庭以外の要素、友人関係、学校生活、社会経験などが大きく寄与しています。

むしろ、親以外の他者からの影響のほうが大きいといっても過言ではないはず。

では、親が子どものためにできることは、一体何なのでしょうか。

親が子どもにできることとは、基本的なモラルや行儀、礼儀、道徳などの土台を築くことです。

たとえば、友だちを傷つけてはいけない、食事の前後に「いただきます」や「ごちそうさま」を言う、「ありがとう」や「ごめんね」をしっかり伝える、友達の家に行った際には「お邪魔します」と挨拶する、といった礼儀などです。

親として重要なのは、子どもが成長するためのしっかりとした土台を作ることであり、それ以上に関しては、親は影響力をほとんど持っていないと考えています。

このような観点から、私は子育てにおいてもっと柔軟な姿勢が必要だと考えています。

過度に真面目になりすぎると、細かいことにこだわりすぎてしまい、子どもの行動を善悪で判断しがちになります。

そうした硬直した態度は、子どもの成長にとって窮屈であり、また親子関係を面白みのないものにしてしまいます。

私の座右の銘に「抱きしめる愛情もあれば横っつらをはたく愛情もある」というものがあります。

愛情表現は抱擁だけでなく、時には厳しさも必要ということ。もちろん、暴力は絶対に避けるべきです。

このバランスは、それぞれの親子関係で異なるもの。

なので、それぞれが適切なバランスを見出していく必要があります。

親の影響力が絶対的でないと理解すれば、子育ての重圧から解放され、より自然体で子どもたちと接することができるでしょう。

子育てはたしかに難しい課題です。

しかし、親の影響力を過大評価せず、子どもを信じることが何より大切だと私は考えています。

肩の力を抜いて、子育ての過程を楽しむ姿勢を持つことで、より豊かな親子関係を築けるのではないでしょうか。

親がいない時間が子どもが一番成長する時間

実は、親が子どもを見ていないときこそ、子どもが最も成長する時間なのです。

ほかの教育者と話をしていても、親が子どもの手助けをしすぎてしまうことで、子どもの成長を妨げてしまう例をよく聞いたりします。

過保護や過干渉は、子どもの成長を妨げてしまうだけです。

たとえば、お泊り保育は多くの親にとって不安な行事かもしれません。

夜泣きや寝付きの悪さを心配される方も多いですが、実際にはそういった問題はほとんど起こりません。

10年以上お泊り保育を実施してきましたが、対応に困るような子どもは一人もいませんでした。

初めての宿泊でも、多くの子どもが泣かずに過ごせることに、親は驚かれます。

家庭では見られない子どもの姿に、成長を実感されるのではないでしょうか。

親の不安は理解できますが、あまり心配する必要はありません。

また、お泊り保育は子どもの成長だけでなく、親が子離れの準備を始める絶好の機会でもあります。

親も子どもと一緒に成長していく必要があるのです。

特に母親は、自分のお腹で10カ月間も育んだ子どもへの想いが強く、なかなか子離れできないもの。

しかし、子どもの自立のためには、適度な距離感が必要です。

親の愛情をしっかりと感じながら、子どもが自由に行動できる関係が望ましいのです。

過保護や過干渉は避け、子どもの自立を促すことが重要です。親は常に子どもを愛し続けますが、時には物陰に隠れてじっと子どもを観察する。年齢や状況に応じて子どもへの距離感を変化させていく、そんな親子関係が理想的だと考えています。

お泊り保育は、そんな親子の成長を後押しする良い機会だと思います。子どもたちの意外な一面を発見し、親子ともに新たな一歩を踏み出すきっかけとして考えていただければ、と願っています。

親が見ていなくても、意外と子どもはちゃんとやっています。

子どもの成長を願い、一度、子どもとの距離感について考えてみてください。

子どもの睡眠の重要性

子どもの健やかな成長にとって、早寝早起きをしてたくさん寝ることは非常に重要です。

なぜ早寝早起きが大切なのでしょうか。

それは、子どもの成長と発達に直接関わるからです。

子どもは睡眠中に成長ホルモンを分泌し、心身ともに発達します。

十分な睡眠時間を確保することで、子どもたちは健康的に成長できるのです。

保育園では、十分な睡眠をとっている子どもとそうでない子どもの違いがはっきりと見て取れます。

睡眠不足の子どもは、機嫌が悪かったり、昼寝の時間に寝られなかったりすることがあります。

反対に、しっかり睡眠をとっている子どもは、いつも元気いっぱいで活動的です。


最近の研究でも、睡眠時間と子どもの発育の関係が明らかになっています。

アメリカの小児科学会の報告によると、十分な睡眠をとっている子どもは、そうでない子どもに比べて肥満になりにくく、学習能力も高いことがわかっています。

また、日本の国立成育医療研究センターの調査では、夜10時以降に就寝する幼児は、それ以前に寝る幼児と比べて、言語能力や社会性の発達が遅れる傾向があることが示されました。

これらの研究結果は、私たちが日々保育園で観察していることと一致しており、早寝早起きの重要性を科学的にも裏付けています。

ですが、早寝早起きを実践するのは簡単ではありません。

特に都市部では、親の長時間労働や長い通勤時間のために、家族全体の生活リズムが乱れがちです。

でも、子どものためを思うなら、親が努力して早寝早起きの習慣をつけてあげることが大切です。


早寝早起きは子どもの成長に欠かせません。

十分な睡眠時間を確保することで、子どもたちはより健康に、そして幸せに成長できるのです。

私たち大人が、子どもたちの健やかな成長のために、早寝早起きの大切さを理解し、実践することが重要だと考えています。


そういえば、私の保育園のある家庭では、子どもがなかなか寝てくれないと私に相談があり、私の声をボイスレコーダーに録音して寝る前に聞かせたいという依頼がありました。

「もう寝る時間です。そろそろ寝ましょう」

という私の声を聞くと、子どもはすぐに寝るのだとか。

厳しいことも言いますが、そんなふうに使ってもらえてうれしい限りです。


ここまで子どもの睡眠の重要性について書いてきましたが、

「それは分かるけれど、なかなか子どもが寝てくれなくて……」

という人も多いのではないでしょうか。

そんなかたのために、次の項目で子どもを寝かしつけるために大切なことをお伝えいたします。

子どもの寝かしつけに最も大切なこと

ここからは、父親が寝かしつけをする前提でお伝えします。

母親よりも父親のほうが寝かしつけは難しいので、母親は容易にこれを実践できるでしょう。

母親はおっぱいがあるので、父親よりも比較的、子どもは寝やすいのです。

そもそも、おっぱいを飲んでいるくらいの年齢のうちに、父親も子どもの寝かしつけをできるようになるべきだと私は考えています。

大きくなればなるほど父親による寝かしつけは難しくなりますが、それまでやらなかったツケが回ってきたと思ってください。

まず、父親が寝かしつけをする際、お母さんはそばにいず、その部屋から出てください。母親の存在を感じた途端、子どもは寝なくなります。

寝かしつけ初期は特に、お母さんは気配を消して、寝室から出ましょう。

お父さんが寝かしつけをする際に絶対に必要な4ヶ条があります。

1、すぐに寝る魔法は無い

2、何時間かかろうとも、お母さんに子どもを渡してはならない

3、親も寝かしつけにしっかり集中する

4、地獄の5日間を覚悟する

【1、すぐに寝る魔法は無い】

たまにテレビなどで、子どもがすぐに寝る魔法の方法などを紹介しているのを見かけますが、私もその方法を我が子や園児などで試してみたことがあります。

方法にもよりますが結果は良くても20%、他のものもだいたい10人に1人効果があ

るかどうか……という結果でした。

そして残念ながら継続率は０％でした。

やはり回数を重ねると効果はどんどん薄れる様です。

寝かしつけは毎日のこと。

できるならば、魔法に頼らず確信的な寝かしつけの実力を磨いた方が間違いなくその後が楽になると思います。


【2、何時間かかろうとも、お母さんに子どもを渡してはいけない】


父親の寝かしつけの絶対条件は、「途中であきらめない」ということです。

何時間かかろうとも、子どもが寝るまで必ず最後までやり遂げてください。

途中でお母さんに渡してしまったら全てが水の泡、むしろマイナスとなりお父さんでは寝なくなるでしょう。

理由は、泣いたらお母さんが抱っこしてくれる事を成功体験として覚えるからです。

私も経験していますが、本当に大変です。

ですが、どんだけ子どもが泣いていても「必ずお父さんが寝かしつけをする！」という覚悟を持って挑んでください。

【3、親も寝かしつけにしっかり集中する】

私は数多くの子どもたちを寝かしつけしてきましたが、その中で確信を持てるのが「自分が寝かしつけに集中していない時は子どもが寝ない」ということです。

子どもをあやしながらも頭では別のことを考えていると、不思議なことにほとんどの子どもが寝ない。

もしくは寝かしつけるのにすごく時間がかかってしまう、という結果になってしまいます。

冗談ではなく本当にテレパシーか、もしくは波動の様なものが出ているのか？　と疑うほどです。

これは我が子だけでなく園児も同様でした。

寝かしつけるときは、子どもの顔をよく観察し、気持ち良さそうな瞬間を見つけ出し、そこを攻める寝かしつけを心がけましょう。

【4、地獄の5日間を覚悟する】

寝かしつけを始めてから、最初の５日間は地獄の日々だと覚悟してください。

特に初めの３日間はほんとに地獄だと思います。

あまり脅したくはありませんが、子どもに寝かしつけを実践したお父さんたちのほとんどは地獄を見るかと思います。

明日、仕事が早いなどは言い訳にせず、ほんとに頑張ってもらいたいです。

ただし、地獄の３日間を耐え抜いたお父さんたちにはもちろんその後、幸福が待っています。

３日を経て４日目ぐらいになると少しずつ寝付くまでの時間が短くなってきます。

それまでは2時間かかっていたのが1時間で寝付くようになり、さらに5日目からは30分になったりするでしょう。

だんだんと寝かしつけの時間が短くなってきたらもう大丈夫です。

あの地獄の日々に比べたら、小一時間や30分など朝飯前。さらにそこから続ければ30分とかからなくなるでしょう。


お母さんは4ヶ条全部をしなくても、実践すれば簡単にクリアできるでしょう。

お父さん達には特に思っていて欲しいのは、「あと何回子どもと一緒に寝られるか」ということです。

おそらく子どもが成長すれば、お母さんよりも圧倒的に早く一緒に寝る事はなくなるでしょう。

お父さんの腕の中でお父さんの抱っこで寝てくれるのも本当に今のうちしかありません。

日々仕事をし、社会に揉まれ疲れて帰ってきてると思います。本当に大変だと思います。

ただ子どもの時間は待ってくれません。

もうすでにカウントダウンは始まっています。

寝かしつけができるくらいの時期が、子どもが子ども史上一番可愛い時期かもしれません。

寝かしつけ上手になり、自分の力で子どもの可愛い寝顔を作り出せる喜びを、少しでも多くのお父さん達と共感できる日が来る事を心から願っています。

子どもを野菜好きにした方法

子どもたちがやりたいといっていることを、あえてやらせないことも、効果があります。そうすることで、子どもたちの興味や意欲を引き出せるのです。

なぜ「あえてやらせない」ことが効果的なのでしょうか。

それは、子どもたちの好奇心と冒険心を刺激するからです。

子どもは本来、禁止されていることや手の届かないものに強く惹かれる傾向があります。

「やってはいけない」と言われると、逆にやりたくなるものです。

この心理をうまく活用することで、子どもたちの興味を引き出し、自発的な行動を促すことができるのです。

我が家では野菜嫌いの子がいません。

その理由の一つは、私自身が野菜を楽しんで食べる姿を見せていることです。

大きなボウルにたくさんの野菜を入れ、美味しそうにサラダを食べる私の姿を見た子どもたちが、「食べてもいい？」と聞いてくるのです。

最初は「これはお父さんのだからダメ」と言って、あえて距離を置きます。

すると子どもたちは残念そうな顔をします。

そこで「１枚だけだよ」と言って、ドレッシングもつけずに食べさせてみると、「美味しい」と言ってくれるのです。

これは子どもたちの「大人が楽しそうに食べているものは美味しいに違いない」という思い込みを利用した結果なのです。

このように、子どもたちの特性を理解し、うまく活用することで、無理強いするこ

親が楽しんで食べる姿を見せると、子どもは自然と興味を持ち始める。

となく、子どもたちの興味や意欲を引き出すことができます。

禁止されたものへの興味、大人の行動への憧れ、これらを巧みに利用することで、子どもたちは自然と新しいことにチャレンジするようになるのです。

つまり、「あえてやらせない」という方法は、子どもたちの好奇心を刺激し、自発的な行動を促す効果的なアプローチだといえます。

この方法を試してみることで、子どもたちの成長をより豊かなものにできるでしょう。

冷凍食品でも母親が笑顔ならそれでいい

先日、このような動画が回ってきました。

「親の愛情不足〇選」「冷凍食品を使っている」などという内容。

冷凍食品を使った母親は失格とでも言いたいのか？

イライラが止まりませんでしたが、私なりの「お弁当や食事とお母さん」の解釈がありますので、お伝えできればと思います。

たしかに、手作りにすることで、子どもとの関係が深まることもあるでしょう。

特にお母さんが作る手料理は、子どもにとって特別なものです。

朝、味噌汁の香りやお母さんのトントンという調理の音で目覚めることは、子どもにとって非常に心地よいものです。

これは精神的にも良い影響を与えますし、手作りの弁当を通じて、親の愛情を子どもに伝えることができたりもします。

とはいえ、すべての家庭にこれを強制するのは難しいでしょう。

仕事もしなければならない忙しい日常の中で、全てを手作りにするのは大変です。

もしかしたら、手作りではない冷凍食品を弁当に入れることに対して罪悪感を持つことがあるかもしれません。

その罪悪感は、子どものことを想っている証拠であり、大切なことだと思います。

ですが、冷凍食品を使うことは全く問題ありません。

大切なのは、お母さんが笑顔でいられることなのです。

ですので、忙しくて時間がないにもかかわらず、「冷凍食品でお弁当なんてもってのほか。絶対に子どもには私の手作り弁当を食べさせてあげないと」などと無理をすることで、家庭から笑顔が失われてしまっては、かえって子どもに悪影響となり、本末転倒でしょう。

冷凍食品を使っているから愛情不足などと言われる筋合いは、どのお母さんにもありません。

普段の関わりや子どもの笑顔、自身の想い。何もかも無視して「冷凍食品」で愛情不足だと決めつけるのは、あまりにも乱暴です。

繰り返しますが、大切なのは、手作りかそうでないかではありません。

家庭から笑顔を絶やさないことです。

子どもにとっては、ギスギスした雰囲気の中で母親の手作り料理を食べることよりも、笑顔あふれる家庭で、スーパーで買ってきたお惣菜や冷凍食品を食べるほうが、よっぽどいいのです。

親の笑顔こそが、親子の絆を深める大切な手段なのです。

イベントに参加できないときにしてほしいこと

以前、保護者のかたから、「仕事の関係で、なかなか保育参観に参加できないのですが、あまり子どもに良くないのでしょうか?」と相談されたことがあります。

このようにお考えの方も少なくないでしょう。

たしかに、保育参観や親子遠足、運動会や卒業式などのイベントへの参加が「良い親」の条件とされることもあります。

ですが、それだけが親としての価値を決めるものではありません。

もちろん、子どもの活動に積極的に参加することは大切です。

けれど、多くの家庭が全てのイベントに参加できるわけではないのが現状でしょう。

仕事の都合やその他の理由で、やむを得ず参加できないケースも少なくありません。

私自身、幼少期に母が仕事で授業参観に来られなかった経験があり、その時の寂しさは今でも記憶に残っています。

そのため、親が参加できない場合、子どもには特別な配慮が必要だと考えます。

たとえば、参加できなかった穴埋めとして、子どもを特別に扱う時間を設けたり、一緒に楽しい活動をしたりすることで、親の愛情を伝えるのです。

そのときは、ほかの兄弟姉妹と一緒ではなく、その子だけに特別な時間を作ることがポイント。

このような配慮により、子どもは親の愛情をしっかりと感じ取ることができるでしょう。

大切なのは、保育参観やイベントへの参加だけが親の愛情を示す唯一の方法ではないということです。

親の愛情は日常生活の中でもさまざまな形で表現し、伝えることができます。イベントに参加できなくても、特別な配慮をすることで、子どもは親の愛情を感じ、安心感を得ることができるのです。

子どもたちにとって最も重要なのは、親からの変わらぬ愛情と継続的な関わりです。その思いを日々の生活の中で伝え続けることこそが、「良い親」であることの本質だと私は考えます。

第3章

将来を見据えた教育

習いごとは早ければ早いほどいい？

子どもの習いごとについて「早めに始めたほうがいい」「早ければ早いほどいい」という考え方が一般的です。

けれど、実際にはその適切さは分野によって大きく異なります。

運動や音楽の習いごとは、たしかに早期に始めることで大きな利点がある一方で、教育系の習いごとや勉強については必ずしもそうとは言えません。

まず、運動と音楽の習いごとについては、早ければ早いほど良いと考えられています。

その理由は、幼少期における体力とリズム感の発達が、その後の人生に大きな影響を与えるからです。

具体的には、幼い頃から運動をすることで、子どもたちは体力をつけるだけでなく、言語力や知能の発達にも寄与することが研究結果からわかっています。

たとえば、ゼロ歳から体を動かすことで、脳の発達が促進されます。

また、リズム感や音楽の理解を深めるためには、ピアノなどの楽器を小さいうちから始めることが効果的です。

特に3歳くらいまでに音楽を始めることで、絶対音感を身につける可能性も高まります。

さらに、スポーツやダンス、水泳などを通じて、子どもたちは自分の好きなことを見つける機会を得られます。

これは子どもたちの将来にとって非常に重要です。

親が様々な活動を試させるというスタンスを持つことで、子ども自身が「これが好き」と感じるものを見つけるチャンスが増えるのです。

一方で、教育系の習いごとや勉強については、必ずしも早ければ良いというわけではありません。

たとえば、プログラミングの習いごとを、言葉のキャッチボールができない年齢の子どもに教えても効果はありません。

「スペースキーを押してください」や「右クリックをお願いします」といった指示も、理解できないでしょう。

実際、数年前、私の子どもがコロナ禍でリモート授業を受けていましたが、その際、多くの子どもたちがＰＣの基本的な操作に戸惑い、授業の進行に支障をきたしていました。

「〇〇くん、つながってますか？」

「〇〇さん、音声が今出てないから、ミュートを解除して」

このようなやり取りが続き、先生は悪戦苦闘していました。

これは、子どもたちにとってリモート授業の操作自体が大きな壁となっていたことを示しています。

また、幼い頃から厳しい勉強をさせると、親の期待に応えられずにストレスを感じることがあります。

これが大人のエゴになりがちで、「なんでこんなこともわからないの」と子どもにプレッシャーをかけてしまうこともあります。

ただ、語学学習については、音楽的な面と教育的な面の両方があるため、一概にどちらがいいとはいえません。

その点については後述しますが、私の息子は中学生から英語を始め、今では普通にペラペラと話せるようになっているので、遅く始めたからといって、必ずしも遅れを取るわけでもないでしょう。

ようするに、子どもの教育には適切なタイミングと興味が重要ということ。早すぎる習いごとはかえって逆効果になることもあります。

特に知能系の習いごとや勉強については、小学校に入ってしばらくしてから始めるのが適切でしょう。

もしどうしても習いごとをさせたいのであれば、まずは子どもが楽しめるものから始めてみるのが良いでしょう。

たとえば、ピアノ教室や体操教室など、子どもたちが体を動かしたり音楽を楽しんだりする活動は、興味を引きやすく、自然と参加意欲が湧いてきます。


結論、運動や音楽の習いごとは早いほうが良いですが、教育系の習いごとや勉強については焦る必要はありません。

子どもたちの自主性を尊重し、興味を持って楽しく学べるタイミングを見計らうことが大切です。

各分野の特性を理解し、子どもの発達段階や興味に合わせて習いごとを選択することが、子どもの健全な成長につながるでしょう。

最終的に、子どもたちが自分のペースで成長し、興味を持って学び始める時を見守ることが、一番大切なことだと考えられます。

早ければ早いほど良いという考え方は、一概には当てはまらず、子どもの個性や発達段階に応じた柔軟なアプローチが求められるのです。

習いごとに過度の期待は禁物

習いごとを始める際の一番の注意点は、過度な期待をしないこと。

親が「ピアノを弾けるようになってほしいから、習わせよう」「自分もサッカーをやっていたから、長男もサッカーを」などと思っても、子ども自身が興味を持たなければ続けることは難しいものです。

さらに、たとえ子どもが「やりたい」と言って始めた習いごとでも、途中で行かなくなったりすることがあります。

「今日はゲームがしたい」「朝起きるのが面倒くさい」といった理由ならいいのですが、本当に嫌がっているのであれば無理強いするべきではありません。

その状態で無理やり続けさせても、効果は期待できません。

私の子どもたちもいくつかの習いごとを経験しましたが、興味を持たなければ続かないことを何度も実感しました。

一定期間だけ試してみて、やめることも多々ありました。

子どもは気まぐれで、好きなことも変わりやすいので、親としてあまり期待しすぎないほうがいいのです。

私自身、小学校２年生から野球を始めましたが、それは私自身がずっと野球をやりたかったからです。

普段は朝起きるのが苦手な私も、野球の日だけは自分から起きて準備していました。

好きなことがあると、人は自然と行動に表れます。

そのため、子どもが本当にその習いごとを好きだと感じたときには、親として全力でサポートしてあげるのが一番だと思います。

子どもの習いごとに対する過度な期待は控えてください。

子どもが本当に好きなことを見つけ、それに対して努力する姿を見たときに、親として支援してあげることが重要です。

「好き」が成長スピードを何倍も伸ばします。

子どもたちが自分の好きなことを見つけ、楽しく学べるように、親としてできる限りのサポートをしてあげましょう。

「三つ子の魂百まで」の誤解

「三つ子の魂百まで」という言葉があります。

これは持って生まれた性格や性質が大人になっても変わらないという意味です。

しかし、私はこの考えに異を唱えたいと思います。

性格や知能は後からいくらでも変えられる。

たとえば、「高校デビュー」という言葉がありますが、これは高校に入ってから性格や見た目が大きく変わること。

まさにその通りで、環境や人間関係の影響で性格は大きく変わるのです。

私自身もそうでした。

小学校の低学年までは、いじめられっ子で、部屋の隅っこでいじけているような子どもでした。

ですが、今では正反対といってもいいくらい全く違う性格になっています。

当時の私を知っている人が今の私を見たら、驚くことでしょう。

このように、幼児期の３歳で性格が決まるなんてことはありません。

だからこそ、早期教育に過度の期待を寄せるのは避けるべきなのです。


では、「三つ子の魂百まで」とはどういう意味なのでしょうか。

私はこれを、主に身体的な能力に関するものだと考えています。

たとえば、３歳くらいのときに毎日走り回ってボールを蹴ったり、大きな声を出したりすることで、その後の身体的な能力が大きく異なります。

また、音感などの芸術的なセンスも同様です。

さまざまな刺激を与えることで、音感を磨くこともできます。

先述しましたが、絶対音感を身につけるためには、０歳から３歳までの期間が非常に重要です。

ようするに、３歳までに決まるのは主に体力や筋力の基礎、音感といった身体的なこと。

性格や知能はその後からいくらでも変わっていきますし、変えられます。

ですので、少なくとも小学校に入るまでは子どもたちの成長を温かく見守り、彼らが自分自身を見つける手助けをしてください。

外国語の教育はいつから始めるのがいい？

先ほどお伝えしたように、外国語の教育に関しては一概に早いほうがいいとはいえず、早く始めるメリットとデメリットがあります。

たとえば、「うちの子、英語も喋れるんです」

こう言いたくなる親の気持ちはよくわかります。

でも、私はこうも考えています。

幼少期には1つの言語に集中することも大切だ、と。

なぜなら、幼少期は子どもが言語を最も理解し、行動に結びつける重要な時期だからです。

複数の言語を同時に学ぶことは、将来的に有益とされていますが、実際には中途半端な言語能力を生んでしまう可能性もあります。

つまり、日本語も英語もできるようになるけれど、どちらも中途半端になってしまうということ。

たとえば、野球とスイミングを同時に習っている子より、野球だけを習っている子のほうが、野球に集中する時間が長くなるため、野球がうまくなるといえます。

それと同じで、小さなころから外国語を習わせたことによって、日本語と外国語の両方が中途半端な状態に陥ってしまうことがあるのです。

結果として、保育園や学校で先生の言葉が理解できず、子どもが成長しないまま、他の子どもたちに遅れを取ってしまうのです。

これは自信のなさにつながり、最終的には行動しない子どもになってしまうケースが多いのです。

たとえば、保育士が「みんな、集まって！」と言ったとき、一人だけぼーっとしている子がいます。

また、「クレヨンを持ってきて」と指示しても、その子だけ何も動かないことも。

これは先生の言葉が理解できていないからです。

個人的には、幼少期にはまず日本語をしっかりと学ばせることが重要だと考えています。

外国語を学ばなくても、子どもたちは相手の言葉を理解し、自分の考えを正確に伝えられるようになります。

その基盤があって初めて、次の言語学習がスムーズに進むのです。

日本とアメリカの教育の一長一短

保育業界に携わっていて感じることなのですが、アメリカの教育に憧れを抱いている親というのが決して少なくありません。

また、幼少期から英語教育を重視する親の中には、日本ではなくアメリカの学校に通わせたいと考える方もいるでしょう。

日本の教育は子どもの個性を抑圧し、集団生活を強いるのに対し、アメリカの教育は個人の特性を理解し、のびのびと生きることをサポートすると捉えられがちです。

しかし、私の考えでは、日本もアメリカも一長一短があります。

私自身、少し前にアメリカに行き、現地の保育園を見学した際、個人の特性を尊重する文化が想像以上に根付いていることを実感しました。

アメリカでは自己主張が強く、宗教や人種の違いを受け入れる多様性があります。この環境では、自分の意見を持ち、表現する力が育ちやすいでしょう。

また、アメリカ人は日本語を少ししか話せなくても、自信を持って「私は日本語を話せます」と言います。


一方、日本の教育は集団生活を重視し、協調性や思いやりを育むことに長けています。

被災地での炊き出しでは、みんなが協力し合う姿が見られます。これこそが日本の強みです。

また、日本人は完璧を求める傾向があり、それが高い質を維持する原動力となっています。

英語力を問われた際、ある程度話せても「いや、話せません」と答える日本人の姿勢は、この完璧主義を反映しています。

ただし、どちらの文化も課題があります。

アメリカでは個人主義や分業制が強すぎて、日本人からすると集団行動や他人への思いやりが欠けることがあります。

一方、日本では集団からの逸脱に批判的で、小学校でもみんなと同じことをしないといけないという圧力があり、個々の才能を伸ばす妨げになることもあります。

私たちが目指すべきは、両国の良い点をバランスよく取り入れること。

個性を尊重しつつ、協調性や思いやりを大切にする。

そんな教育が理想的だと考えます。

本はたくさん読ませたほうがいい？

みなさんは子どもに、

「頭が良くなるから、本をたくさん読みなさい」

といったことはないでしょうか。

たしかに、本を読むことで語彙が増え、想像力も養われることがあります。

ですが、子どもが読みたくないのに無理やり読ませるのは、逆効果になることも少なくないのです。

子どもは、自分が好きなことに対してしか本当の意味で集中できません。

もちろん、本が好きで、自ら進んで読む子どもであれば、どんどん本を買ってあげて、たくさん読ませるのが良いでしょう。

「好きこそものの上手なれ」という言葉があるように、好きなことをやることで子どもはどんどん成長するのです。


しかし、好きでもなければ興味もないものを、「将来のためにやりなさい」と無理強いするのは、子どものやる気を削いでしまうだけ。

保育園の年齢くらいの子どもで、そもそも読書が好きという子は多くありません。

それに、親が日常的に読書をしている姿を見せていないのに、子どもだけに本を読ませようとしてもうまくいきません。

読書をすることが大切だとわかっていても、好きではない人には無理です。

実は私自身も、活字だらけの本をあまり読みません。

私はマンガが好きで、電子書籍のリストにはコミックが３０００冊以上もあります。

だから、大人にも本を読めと強制することはできません。

以前、営業マンをしていたときは、長い移動時間に読書をしていましたが、それも限られた時間のことでした。

子どものころも、あまり本を読んでいませんでした。

それでも前職では営業マンとしてそこそこの成績をおさめていましたし、今は保育園を経営できています。

ですから、読書をしないとダメだとか、頭が良くならないというわけではないと思います。

「頭が良くなるから読書をしろ」というのは、「体に良いから毎日納豆を食べなさい」というのと同じです。

納豆が体に良いかもしれませんが、納豆が嫌いでも健康的な人はたくさんいます。

嫌いなものを無理に食べるストレスのほうが体に悪いかもしれません。

ですから、盲目的に「本は素晴らしい」と教えるのはあまり良くないでしょう。

こうやって本を書いている私がいっていいのか、わかりませんが……（笑）。

子どもへの期待は天井知らずになってしまう

親が子どもにかける「期待」について、日々感じることがあります。

親として、子どもに期待をすることは自然なこと。ですが、その期待が天井知らずであることに対して、少し立ち止まって考えるべきだと感じています。

まず、期待をかけること自体は悪いことではありませんし、子どもに一切の期待をしない親はいないと思います。

しかし、その期待が無制限に膨らんでいくと、子どもにとっては大きなプレッシャーになりますし、実際には期待通りにいかないことのほうがずっと多いのです。

私は子どものころから野球をやっていましたが、小学生ではレギュラー、中学のクラブチームではエース、高校時代には、学校の校長先生や地元の友だち、親、監督からも大きな期待を寄せられていました。

どうにか甲子園に出場できましたが、その後は「次はプロだ」と言われるようになりました。

私はその時、「さすがにそれは無理です」と言って、その期待を断ち切りました。

これ以上の期待には応えられないと思ったからです。

甲子園に行ったことで周囲からの期待はさらに高まり、「これができたんだから、次はもっと上を！」といわれるようになりました。

しかし、それは人それぞれの能力の限界があることで、決して当たり前のことではありません。甲子園に行くこと自体がすごいことであり、誰もができることではないのに、もっと上を目指せと期待されるのです。

もし私がプロに入れたとしても、次は一軍での活躍が期待されるでしょう。

当事者としては非常に辛いことです。

だからこそ、私は期待をかけることを慎重に考えています。

ただし、期待を完全になくすことも適切ではありません。期待は子どもの成長を促す原動力にもなり得るからです。

重要なのは、その期待の程度とコミュニケーションの仕方です。

「あなたには期待しない」と言ってしまうと、子どもにとっては望みを託されていないと感じてしまうかもしれません。

それがまた別の意味でプレッシャーになってしまうこともあるでしょう。

結局のところ、親としては、子どもがある程度のラインに達したなら、あとは目標を子どもにゆだねることが大切だと考えています。

過度な期待をかけるのではなく、子どもの成長を見守り、その努力を認め、応援するのです。

そうやって子どもが自分のペースで成長し、自分の道を見つけていく過程をサポートすることこそが、親の役目ではないでしょうか。

期待のしすぎは、子どもにとって大きなプレッシャーとなり逆効果。

そして、子どもが自分で目標を成し遂げたことに対して心から喜び、評価してあげることが、子どもにとって最高の励ましになるでしょう。

期待が子どもにプレッシャーを与えることなく、むしろその成長を支える力になるように、親としての役割を果たしていきたいものです。

期待は大きくなくても、子どもが自分の力で達成する喜びを感じられるように、見守り、サポートし、温かく励ましていくことが、親として最も大切な姿勢ではないでしょうか。

「何してるの？」を連発する子どもには

保育園の園長として、子どもたちと接する中で感じるのは、子どもたちが「何してるの？」と連発することの大切さです。

うるさく感じるかもしれませんが、実はとても重要な行動です。

その理由は、子どもというのは質問をすることで自分の世界を広げ、理解を深めるからです。

園長の仕事というのは雑用も多いのですが、何かをしていると子どもたちが、

「園長先生、何してるの？」

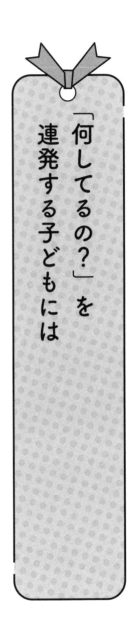

と聞いてくることがあります。

大人でも質問をしてくる人間は伸びますが、子どもの「何してるの？」は、彼らの「興味」を拾えるチャンスなのです。

そのとき、私は「園長先生は、いま何してると思う？」と逆に質問を返します。

今の状況を言葉にさせるのです。

すると、子どもたちは「文字を書いてる」「何か作ってる」など、自分なりの答えを返してきます。

ここで重要なのは、子どもたちに考えさせることです。

答えをただ教えるのではなく、自分で観察し、考え、答えを見つけるプロセスが大切なのです。

こうすることによって、子どもたちの語彙力や表現力が自然と向上します。

なので、質問をすることをやめてほしくありませんし、わかりきっていることを聞くのも良いことです。

こうして子どもたちは自分の思考を言葉にする力を養うことができます。

一方で、何も質問してこない子どもも一定数います。

こうした子どもたちの多くは、性格的な面もありますが、親が先回りして指示を出してしまうため、自分で考える機会が少ないことが原因です。

何事に対しても、「こっちがいいよね」「これが欲しいよね」と親が決めてしまうと、子どもは自分の意見を持つ機会を失ってしまいます。

保育園は一つの小さな社会。

そこで子どもたちは他の子どもたちと一緒に遊び、自己主張をする場面が多くあります。

自分の意見を持たないと、何も話さなくなってしまいます。

そこで、私たち保育側は「今何がしたいの？」と直接的に問いかけ、しっかりとした声で答えさせます。

これにより、度胸をつけ、自分の考えを声に出す練習をするのです。

また、親にも「先回りしないで、子どもに選択肢を与えてください」とお願いしています。

多少時間がかかっても、子ども自身に選択させることが大切です。

これにより、子どもは自分の意見を持ち、自己主張できるようになります。

質問を連発する子どもも、何も言わない子どもも、それぞれの成長を支えるために、私たち大人は適切に対応し、サポートしていくべきなのです。

第４章

「抱きしめる愛情」と「横っつらをはたく愛情」

「かわいい子には旅をさせよ」をできていますか？

「かわいい子には旅をさせよ」ということわざがあります。

これは「厳しい経験を積むほど成長できるため、子どもにはあえて辛い思いをさせよ」という意味。

ただ、最近の親は子どもを甘やかしがちで、子どもに厳しく辛い経験をさせません。

ですが、私はむしろ、かわいい子だからこそ、厳しい旅をさせるべきだと考えています。

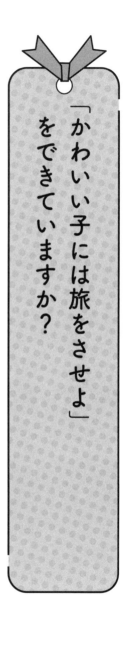

そしてそれは旅に限りません。たとえば人間関係でも同じこと。

痛みを経験させることで子どもは成長し、他人との距離感や相手の気持ちを理解し、思いやりを持つようになるのです。

痛みを避けることは一時的な安心をもたらすかもしれませんが、長期的には子どもが他者を理解し、思いやりを持つ力を育むことを妨げてしまうでしょう。

痛みを通じて学ぶ経験は、成長の過程で必要不可欠なものなのです。

たとえば、ある子どもが友だちから「あいつうぜえ」と言われてしまったとしましょう。

そう言われた子は、普段から無意識に友だちを不快にさせてしまう言動や行動をしていたのかもしれません。

友だちの言葉に傷ついたその子は、自分の言葉や行動をかえりみて、それが他人にどう影響を与えるのかを考えるようになるでしょう。

つまり、痛みの経験があったからこそ、その子は自分の言葉遣いや行動を見直し、他人の気持ちを考えるようになれるのです。

もちろん、私も園長であると同時に父親なので、子どもが傷ついている姿を見たくない気持ちはわかります。

でも、やっぱり傷つかないと傷つけられた人間の気持ちはわかりません。

当事者にならないと相手の気持ちはわからないのです。

また最近では、親が子どもに痛みを経験させることを前もって避ける傾向もあります。たとえば、はさみを危ないからと取り上げたり、転ぶことを恐れて自由に遊ばせなかったり。

しかし、それもやっぱり「かわいい子には旅をさせよ」です。

実際に痛みを経験することが重要なのです。

最近、子どもに嫌な思いや失敗を経験させたくない、というもので、こんな商品を見かけました。

それは、歩き始めたばかりの赤ちゃんが後ろに転倒して後頭部を打たないように背負うクッション。

それを背負わせることでたしかに、後ろに倒れても頭を打ってしまうことは防げるでしょう。

ですが、本来なら赤ちゃんは何度か後頭部を打って痛い思いを経験して、おしりから倒れたりするようになるもの。

そんな経験を積み重ねることで成長するのです。

にもかかわらず、こうした保護具を使ってしまうと、安全な倒れ方を身につけることができませんし、運動神経だって発達しません。

私は、そんな子どもたちが将来、どのような運動能力になるのか、心配ですらあります。

倒れ方もわからない子どもが、どうやって運動をするのでしょうか。

私はこういった、愛や正義にあふれたように思える話を、「破滅的正義論」と呼んでいます。

子どもが自らの痛みを通じて学ぶ経験を奪ってしまっては、彼らが将来、絶対に直

子どもの未来を思うなら、甘やかすことはやめたほうがいい。

面する困難に対処する力を育むことができません。

愛する子どもに、他人を理解し思いやる力を身につけさせるために、あえて痛みを経験させましょう。

子どもが強く優しい心を持つ大人に成長するためには、このような経験が欠かせません。

親としては心配かもしれませんが、愛情を持って子どもに痛みを経験させることが、最終的には彼らのためになるのです。

一人っ子は良くない？

保育園の園長として、よく耳にする質問があります。

それは、「一人っ子は良くないのでしょうか？」というもの。

一般的に、一人っ子は社交性が低く、甘やかされがちだと言われます。

ですが、私の経験から言えば、それは必ずしも真実ではありません。

適切な環境と親の関わり方次第で、一人っ子でも十分に社交性を育むことは可能なのです。

問題は、一人っ子の場合、親からの愛情が１００％たった一人に集中しがちな点にあります。

この過剰な愛情が、子どもの感覚を歪めてしまうことがあるのです。

兄弟がいる場合、親の愛情は自然と分散され、兄弟ゲンカなどの経験も子どもの成長に重要な役割を果たします。

また、一人っ子の場合、親が子どもに過度の期待を一身に背負わせてしまうことがあります。

これは子どもにとって大きな負担となり、自立心の育成を妨げかねません。

さらに、親が子どもを放置する時間がないことも問題。

実は、子どもは親から離れている時間にこそ、自分自身と向き合い、成長するのです。

保育園では、家庭とはまったく違う子どもの姿をよく目にします。

これは、親の関わり方の違いによるものでしょう。

具体的な甘やかしの例を挙げると、兄弟がいる場合、子どもが転んでも親は、「大丈夫、大丈夫。立ち上がって。ほら、先行っちゃうよ」と促すでしょう。

しかし、一人っ子の場合、親は過剰に反応し、甘やかしてしまいがちです。

このような甘やかしは、長期的に見て子どもの自立心を損ない、大人になっても「かまってちゃん」になってしまう可能性があります。

結論として、一人っ子が問題なのではなく、親の甘やかしすぎが問題なのです。

子育ては、子どもの数にかかわらず、適度な愛情と厳しさのバランスが重要であり、子どもの自立心を育てることを心がけるべきです。

一人っ子であっても、兄弟がいても、子どもの成長は親の関わり方次第なのです。

子どもを信じ、時には見守る勇気を持つことが、健全な成長につながると私は考えています。

子どものわがままを聞きすぎていませんか？

子育てにおいて最も難しいのは、「適切な愛情の与え方」だと感じています。

愛情を注ぐことは大切ですが、与えすぎると逆効果になることがあるのです。

子どもに愛情を注ぎすぎると、どんどん欲求がエスカレートしていきます。

要は「甘やかし」です。

泣き止まないからおもちゃを買ってあげる、子が悪いことをしたのに怒れない、というような状況になってしまうのです。

このような状態が続くと、子どもはどんどんわがままになっていきます。

私たちの保育園の卒園児を見ていても、親の育て方で子どもの性格や行動が大きく変わることがわかります。

愛情をかけすぎてしまっている親の子どもは、弱くて甘えん坊になりがちです。

そのような子どもは、小学校に上がってから問題が顕在化することがあります。

たとえば、学校に行きたがらなくなったり。

もちろん、「今日は学校に行きたくない」という気持ちは誰にでもあります。

大人だって、「今日は仕事行くの、面倒くさいな……」と思う日はあるでしょう。

しかし、社会ではそのようなわがままは通用しません。

ところが、親が甘いと、そのわがままが通ってしまうのです。

昔なら「学校に行くのが嫌だ」と言っても、「何言ってるの！　早く起きて行きなさい！」と強制的に布団からたたき出されたものです。

ですが、今は「そうなの？　じゃあ今日は休んでもいいよ」という選択肢を与えてしまう親が多いのです。

そうすると、子どもは当然休むことを選びます。

そしてそれを繰り返して、次第に学校に行かなくなってしまう。

このように、愛情をかけすぎると子どもの自立を妨げてしまう可能性があるのです。


一方で、保育園や学校という集団生活の場は、子どもの成長に非常に重要な役割を果たします。

そこでは、自分の思い通りにならないことや、不具合を経験することができるのです。

たとえば、好きなおもちゃを独占できなかったり、友だちとケンカをしたりすることがあります。

こういった経験を通じて、子どもは社会のルールや人間関係を学んでいきます。

不具合の中から学ぶことが、子どもの成長には不可欠なのです。

親だけでは、子どもに十分な社交性を身につけさせることは難しいでしょう。

他の子どもたちと過ごす中で、様々な経験を積むことが大切なのです。

そのため、保育園や学校での集団生活は、子どもの社会性を育むのに厳しくも最適な環境だと言えます。


子育てには適切な愛情と社会経験のバランスが重要です。

過度な愛情は子どもをわがままにし、自立を妨げる可能性があります。

一方で、適度な愛情と集団生活での経験は、子どもの健全な成長を促進します。

親は、子どもに対して適切な愛情を注ぎつつ、社会性を育む環境を提供してあげてください。

それが、子どもの将来の幸せにつながるのです。

競争をさせて、努力をほめていますか？

保育園は、毎日が子どもたちの成長の舞台です。

運動会やマラソン大会など、子どもたちが自ら進んで競争し、勝ちたいという気持ちを持つことは、実は大切なこと。

私はこの競争が子どもたちにとって大きな成功体験をもたらすと信じています。

子どもたちは、日常の些細なことでも競争を楽しみます。

たとえば、お仕度が1番速かったとか、食事を1番に終えたとか、何かを作るのが1番上手だったとか。

こうした小さな競争心が、彼らの成長につながるのです。

けれど、最近の風潮では、順位をつけないことが良いとされています。

1番になってもそれを特にほめないという考え方が主流です。


でも、私はそうではないと感じています。

1番になったことをしっかりと認め、

「A君が1番だ！」

「やった！」

と子どもたちに成功体験を味わわせることが大切なのです。


たしかに、順位をつけることで負けた子どもが泣いたり、ふてくされたりすることもあります。

しかし、それは大人がしっかりとサポートすればいいこと。

保護者や保育士は、子どもたち一人ひとりがどんな分野で1番になれるかを見極め、

すべての子どもに１位になれる分野が必ずある。

それを伸ばしてあげるべきです。

足が速い子もいれば、工作が得意な子、歌が上手な子、大きな声であいさつができる子など、子どもたちそれぞれが1番になれる分野は異なります。

どの子も、1番になるチャンスが必ずあるのです。

1番になった子に対して、ただ「すごいね」とほめるのではなく、何をがんばったのかを具体的にほめることも重要です。

たとえば、縄跳び大会で1位になった子に対しては、「1位になってすごいね」ではなく、「あれだけ毎日練習してがんばったから1位になったんだね」と伝えるべきです。

なぜなら、そうやって努力をほめることで、子どもたちはさらにがんばろうという気持ちを持つようになるから。

結果だけをほめて努力をほめないと、いずれ子どもたちは努力することをやめてしまうかもしれません。

がんばって努力した結果を認め、具体的に努力した点をほめることで、子どもたちは未来への一歩を踏み出すのです。

子どものために工夫をしていますか？

子どもたちが挑戦する気持ちを持ち続けるためには、どうすれば良いか。

私は、子どもの成功体験を視覚的に繰り返し見せることをおすすめします。

たとえば、子どもがスポーツで得点を入れたり、縄跳びをたくさん跳べたり、試合に勝ったりした場面を動画に撮るのです。

最近はスマホで簡単にキレイな動画を誰でも撮影できます。

その映像を定期的に見せることで、子どもは「自分はできるんだ」という自信を持つようになります。

この自信が、新たな挑戦への意欲を引き出します。

私たちの保育園でも、体操教室での跳び箱の練習を撮影しています。たとえば3段を跳べた子どもの映像を撮り、次の体操教室の前にその映像を見せると、「自分はできるんだ！　がんばろう！」というモチベーションが生まれます。

このように、自分の成功体験を見直すことで、子どもは次の挑戦にも積極的に取り組むようになるのです。

もちろん、全ての子どもにこの方法が最適かどうかはわかりません。撮影をして見せたところで、モチベーションがアップしない子もきっといるでしょう。

けれど、みなさんが後になって、「子どものためにもっとあれをすれば良かった」と後悔しないよう、できる限りのことを試みる姿勢が重要だと思っています。

私自身、父親としても子どもたちのために様々な試みをしていますが、それがすべて成功するとは限りません。

環境や人間関係といった要素も子どもの成長に大きく影響するからです。

とはいえ、親が子どものためにあれこれと工夫を凝らす姿勢は、必ず子どもに伝わります。

親の愛情と努力は、子どもにとって大きな励みとなり、その成長に良い影響を与えると信じています。

意志の尊重とわがままの境界線は？

子どもの「意志の尊重」と「わがまま」の境界線を引くことは、親としても保育士としても重要な課題。

この境界線を引く基準は、「その子のためになるかどうか」という一点に集約されます。

前提として、子どもの意志を尊重することは大切です。

子どもが「サッカーをやりたい」と言った場合、その興味を尊重し、実際にサッカーを始めさせることは、子どもの成長や学びにプラスになる可能性が高いでしょう。

ですが、全ての「やりたいこと」が子どものためになるとカン違いしてはいけません。

たとえば、ある子どもが「空手を習いたい」と言ったため、親がその希望を尊重して空手道場に通わせ始めたとします。

しかし、しばらくするとその子は「朝起きたくない」「準備が面倒だ」と言い出し、最終的には「ママが起こしてくれないからもう行きたくない」と主張します。

この場合、子どもが空手を辞めたいという理由が単なるわがままであれば、それを受け入れるべきではありません。

もちろん、本当にその子にとって空手が合っていないと判断される場合や、道場でいじめにあっている場合などは、その意志を尊重する必要があります。

ほかにも、子どもが「保育園を休みたい」と言ったとしても、単に遊びたいからという理由であれば、その要求を受け入れることは子どものためにはなりません。

「ゲームをやりたい」という要求も、一時的な興味や遊びの延長であれば、無制限に許すことは子どもの健全な発育にマイナスとなるでしょう。

繰り返しますが、親や保育者が重要視すべきは、常に「その子のためになるかどうか」という視点です。

甘い親ほど、「子どもの言うことを尊重してあげるべきだ」と思いがちですが、実際にはそれが子どものためにならない場合も多いのです。

親が気持ち良く感じるためだけに子どもの要求を全て受け入れるのではなく、その要求が本当に子どもの将来のためになるかどうかを見極めることが大事なのです。

同じことが保育においても言えます。

保育士がラクに保育をすることが目的ではなく、子どもの将来にとってプラスになるかどうかを常に考えるべきです。

子どもが将来、自分で立ち、走り、戦えるようになるために、どのような選択が最適かを見極めることが重要なのです。

まとめると、「子どものためになるかどうか」を基準に、意志の尊重とわがままの境界線を引くべきだと考えています。

これは親にとっても保育者にとっても大切な考え方であり、子どもの健全な成長を支えるための基本的な指針となるでしょう。

子どもを餌でつるのはダメ？

子どものわがままとやりたいことの区別は、親にとって悩ましい問題です。

基本的に、わがままは聞かないほうが良いとされていますが、その際に「●●したら、やっていいよ」といった形でごほうびを与えることについては、どう考えるべきでしょうか？

もちろん、何でもかんでも餌でつるのは良くありません。

しかし、たまにごほうびをあげて子どもを励ますことは、決して悪いことではありません。

重要なのはバランスです。

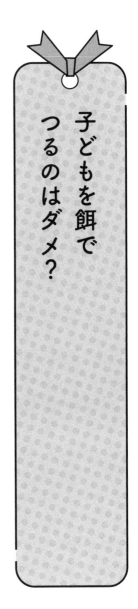

どれくらいの頻度で、どのようなごほうびを与えるかを親がしっかりと考えることが大切なのです。

私自身、マラソン大会で区間賞を取ったらゲーム機を買ってもらえると約束され、一生懸命がんばった経験があります。

結果的にゲーム機を手に入れ、とてもうれしかったです。

このように、適度なごほうびは子どものやる気を引き出すことがありますし、保育園児の年齢であってもそれは同じこと。

しかし、常にごほうびを与え続けると、子どもはごほうびがないとやる気を出さないようになる可能性があります。

そのため、極端にならないようにバランスを取りながらごほうびを使うことが重要です。

そして、バランスを取るためには、親自身がしっかりとした基準を持つことが求められます。

これは親の価値観に基づくものであり、親の経験や考え方が反映されます。

たとえば、親が「自分が子どものころに苦労したから、子どもには同じ苦労をさせたくない」と思うのは自然なことでしょう。

しかし、一定の試練がないと、子どもが将来困ることになるかもしれません。

社会人として自立して生きていくためには、試練や挑戦が必要です。

わがままをたまには受け入れることも必要だとは思いますが、その境界線は親次第です。

「その子のためになるかどうか」という基準を持ち、それに基づいて判断することが大切です。

親としての経験や知識を活かし、子どものために何が最善かをしっかりと考えることが求められます。

ルールを子どもに守らせる方法

保育園の園長として、子どもたちにルールを守ることの大切さを伝えています。ですが、単に厳しくルールを押し付けるだけでは、子どもたちはその意味を理解せず、反発するだけになってしまいます。だからこそ、ルールの意義をしっかりと子どもたちに説明することが非常に重要なのです。

たとえば、家庭で「ゲームは1日1時間まで」というルールを設ける場合、その理由を子どもに丁寧に説明する必要があります。

「お父さんが言っているからやめなさい」や「ダメなものはダメ」という理由では、子どもは納得せず、むしろ理不尽に感じるでしょう。

それよりも、「目を大事にしたいから」「他の遊びも楽しんでほしいから」といった具体的な理由を伝えることが大切です。

一方で、普段はルールを厳しく言わないのに、祖父母や友人が来たときだけ急に厳しくなる親もいます。

これは子どもにとって混乱を招き、親子の信頼関係を損なう原因になります。

ルールは一貫して守られるべきであり、その理由も常に明確に伝えてください。

これにより、子どもはルールを納得しやすくなり、自発的に守ろうとする意識が育まれます。

実際、理由を説明することで、子どもたちはそのルールをすんなりと受け入れやすくなります。

ある保護者がゲームをやめさせようとした際、「なんでゲームは１日１時間というルールがあると思う？」と子どもに質問してみたそうです。

その結果、子どもは自分で考え、納得し、ルールを守るようになったという話を聞きました。

こういった経験からも、子どもに考えさせることの重要性を強く感じます。

特に、年長くらいのある程度大きくなった子どもには、理由をしっかりと説明しましょう。

「ダメなものはダメ」というだけでは、子どもたちは自分で考える力を養うことができません。

たとえば、「赤信号は渡ってはいけないよね。なんでだと思う？」と問いかけることで、子どもは自分で考える習慣を身につけることができます。

これこそが、子どもの成長にとって非常に重要なことなのです。

ルールを子どもに伝える際には、その理由をしっかりと説明し、子ども自身に考えさせてください。

また、ルールは一貫して守られるべきであり、状況によって厳しさを変えることは避けるべきです。

そうすることで、子どもたちは納得し、自発的にルールを守るようになります。

その結果、思考力や判断力を育むことにもつながるのです。

テレビ、ネット、ゲームとの付き合い方

きっと、子どもにスマホやタブレットでYouTubeを見せたり、移動時には任天堂Ｓｗｉｔｃｈで遊ばせている方もいるでしょう。

また、園児たち同士で、Ｓｗｉｔｃｈのゲームやポケモン、テレビアニメ「鬼滅の刃」、人気ユーチューバーの話をして盛り上がっていることもあります。

むしろ、ほとんどの子は、テレビはもちろん、ゲームやスマホに触れていると思います。

テレビやネット、ゲームに触れさせることが良いのか悪いのか、気になる方もいるのではないでしょうか。

私の結論としては、完全に禁止する必要はないと考えています。

ただし、その使い方には工夫が必要。


なぜ完全に禁止する必要がないのかについてお話しします。

昔から、テレビやゲームは子どもの発達に悪影響を与えるとされてきました。

たとえば、テレビを長時間見ることで思考力が低下するとか、表現力が乏しくなるとか、脳の成長が遅れるなど。

ですが、多くのテレビやビデオを見て育った私たちの世代が、思考力が低かったり、表現力が乏しかったりするとは思いません。

感情豊かに成長したと思っていますし、特に問題を感じたことはありません。


結局のところ、盲目的に悪だと決めつけるのではなく、適切に使うことが大切だということ。

たとえば、子どもが興味を持っている分野に関連する教育的な動画を見せるのです。

お絵描きが好きな子には塗り絵の動画、スポーツが好きな子にはスポーツの動画など、興味を引く内容であれば、学びの一環として有効に活用できるはず。

もちろん、一日中ずっと見させてしまってはいけません。

長時間の使用は子どもの健康や生活習慣に悪影響を与える可能性があります。

けれど、適切な時間内であればネットもゲームも教育的な価値があるとする研究もあります。

ですので、使用時間を制限しましょう。

たとえば、「お手伝いをしたらスマホを使える」といった具合に、何か条件をつけて報酬型にすることで、利用を管理することができます。

お手伝いには、階段やトイレの掃除、おもちゃの片付けなどを含めると良いでしょう。

そうすることで、子どもは責任を果たす習慣が身につきます。

また、見せる時間を制限することも重要です。
「1時間だけ見ていい」というように、具体的な時間制限を設けるのです。
そうすることで、没頭しすぎるのを防ぐことができます。
大人でも楽しいことを我慢するのは難しいもの。
子どもはなおさら、制限がなければついついやり続けてしまいます。
ネットもゲームも一概に悪いものではありません。
適切な使い方と制限さえきちんと守れれば、ですが。

「抱きしめる愛情」と「横っつらをはたく愛情」

子育てにおいて、愛情表現には2つの側面があります。

優しく抱きしめる愛情と、時には厳しく接する愛情です。

私はこの2つを「抱きしめる愛情」と「横っつらをはたく愛情」と呼んでいて、両者のバランスを取ることが、子育ての本質だと考えています。

もしかしたら、この「横っつらをはたく愛情」を、「え？　子どもを叩くのが愛情なの？」」と誤解される方もいるかもしれません。

1つの例を挙げます。

ニュースなどでも耳を疑うような事件が度々あります。

「しつけのつもりだった」と言い幼い子どもを何度も叩き、殴り命を奪う事件。

この〝暴力〟と、とある日、小学4年生の娘は門限時間になっても帰って来ませんでした。

今まで数分遅れることはあってもこんなに遅くなることはなかったのに……。

季節は冬。

辺りはすっかり暗くなり、持たせている携帯に何度掛けても応答してくれません。

母親は心配になり必死で近辺を探しました。友達のお母さんにも連絡し半ばパニック状態。

かれこれ1時間が経過し、いよいよ警察に連絡しようとした瞬間、娘がフラ～っと帰って来ました。

その顔は悪びれる様子もなく、いわば〝普通〟でした。

携帯に出なかったのも「気づかなかった」という始末。

母親は娘の姿を見て安堵したと同時に、走って娘に駆け寄り、思いっきり頬にビンタをしました。

「どんだけ心配したかわかってんの！」

母親の手は震え、目には涙を滲ませていました。

例えばこの様なことがあった場合、前者と後者は果たして同じ〝暴力〟でしょうか？

しつけを前提とした場合は同じ〝体罰〟でしょうか？

もし違うとするならば〝何が〟違うのでしょうか？

決定的に違うのはそこに〝愛情〟があるかどうかです。

後者の母親にはちゃんと愛情が存在しています。

世間ではこの母親の行動も「暴力」と言われてしまうかもしれませんが、本当にしてはいけない行為なのでしょうか？

おそらく、その娘はその時のお母さんの表情や、叩かれたこと、そしてその手が震えていたことなど、その光景は一生忘れることはないでしょう。

話を戻すと、「抱きしめる愛情」と「横っつらをはたく愛情」のバランスに一律の正解はありません。

親それぞれの性格や状況に応じて、最適な方法を見つけていく必要があります。

子育ては、このバランスを悩みながら試行錯誤する過程そのものなのです。

近年、優しさだけが正義のように思われがちですが、それだけでは不十分です。

子どもの成長には適度な厳しさも必要不可欠です。

注意すべきことや教えるべきことがあれば、きちんと伝えなければなりません。

私自身、父親不在で育ちましたが、そのことが逆に理想の父親像を描く機会になりました。

子どもの視点から大人に求めるものを理解できるようになったのです。

この経験は、現在の保育園での仕事にも活かされています。

子どもたちと接する中で、彼らの欲求や反応を敏感に感じ取るようにしています。

そして、時には厳しく、時には優しく接することで、子どもたちとの良好な関係を築いています。

怖がられつつも好かれる、そのバランスが大切だと感じています。

成功者と呼ばれる人々も、決して甘やかされて育ったわけではありません。厳しい環境や苦境を乗り越えてこそ、強い精神力が育まれるのです。

ただし、厳しさだけに偏っても問題があります。

子育てに絶対的な正解はありませんが、愛情と厳しさのバランスを取ることが重要です。

親として、常に悩みながらも最善を尽くすこと。

それこそが、子どもの健やかな成長につながるのだと私は信じています。

保育園では、この考えを基に日々の保育を行っています。

子どもたち一人ひとりの個性を尊重しつつ、適切な愛情と指導のバランスを保つよう心がけています。

そうすることで、子どもたちが自信を持ち、同時に他者への思いやりも育むことが

愛情と厳しさのバランスが大切。どちらかに偏ってはいけない。

できると考えています。

親や保育者として完璧を目指す必要はありません。

むしろ、自分自身も成長を続けながら、子どもと共に歩んでいく姿勢が大切です。

「抱きしめる愛情」と「横っつらをはたく愛情」のバランスを探りつつ、子どもたちの健やかな成長を支援していきたいと思います。

おわりに

最後までご覧いただき本当にありがとうございます。

おこがましくも本などを出させていただき皆さまのお目通りに叶う日が来るなんて夢のようで、読んで頂いた皆さまには本当に心から感謝いたします。

見ていただいた皆さまに最後に1つお伝えしたいのは「子育てに正解はない」ということです。

子育てに悩む保護者の方にはこの本をアドバイス、もしくはヒントの1つとして受け取っていただき、少しでも子育ての手助けになれたら嬉しく存じます。

最後に昨今の子育てや保育の風潮について、私なりの不満をぶつけて終わりたいと思います。

子育ての歴史を考えれば人間は遥か昔から子どもたちを育ててきました。

そして近年、文明は発達し、西暦は２０２４年となり、この繰り返しの子育ての歴史を考えると、子育てが上手にできるデータは十分に取れているはずです。ですがどうでしょう。

未だに子育てに悩んでいませんか？

未だに子育てが楽にならない。

未だに答えがわからない。

昭和（過去）の子育てを間違いとし、現代の子育ては正しいと言わんばかりの風潮にあります。

私はここに大きな疑問を持っております。

現代が言う子育てが正しかったら、なぜ未成年の自殺者は減らないのでしょうか？

昭和最後の63年時は、未成年の人口は２５００万人、自殺者は１７５人となっております。

それに対し令和2年には1500万人を切り、未成年の人口が圧倒的に減っているにも関わらず、自殺者は473人、翌年には500人を越えました。

これを見て本当に今の子どもたちに正しい子育てをしてあげられているのでしょうか？

本当に昭和は間違いだったのでしょうか？

保育の現場でも「叱らない子育て」を12〜13年ほど前から主張しておりますが、その時代の子どもたちが今、過去最多で自殺しています。

本当に"今"は正しいのでしょうか？

「叱らない子育て」

それで育てられた子どもたちの未来に叱られない世界が待っているのでしょうか？

親の子育てに対して、あれはダメ、これはダメといった動画も数多く見受けられます。

もっと自然体で良いんじゃないでしょうか？

保育士と違い、親は子どもに対して大きな責任が伴います。

そりゃ悪いことしたなら、お尻の１つでも叩くことはあるでしょう。
ガミガミ言うことだってあります。
親は感情ですから。

ただし、子育てにおける最終の約束事は「子どもの笑顔を奪わないこと」です。
我が子に触れ、抱きしめてあげてください。
忙しいと、叱ってばっかりいるとついつい忘れがちになってしまいます。

偉そうに言っておりますが、私も我が子への子育ては大変苦労しております。
頭では分かっていても、どうしても我が子には感情が出てしまいます。
子育ては難しいですね。

愛情のバランスをしっかりとりながら、私自身もこれから子育てに励みたいと思います。

皆さんも日々悩み、苦労されていると思いますが、子育ての時間も有限ですので共に頑張りましょう。


本の冒頭部分にも記載がありました「付録」がございます。

これは、園での子どもたちへの安全性を確保するにあたり、保育士が理解しておかなければならない問題です。

数多くある中で2つ選びました。

それぞれ答えは1つしかありません。

現場で必ずある場面ですので、皆さんも是非考えてみてください。

問１　図は公園を表します。引率の保育士４名「新人２人、中堅、ベテラン」がいる場合、各保育士はどのような配置になるでしょうか？　またその配置理由も述べなさい。

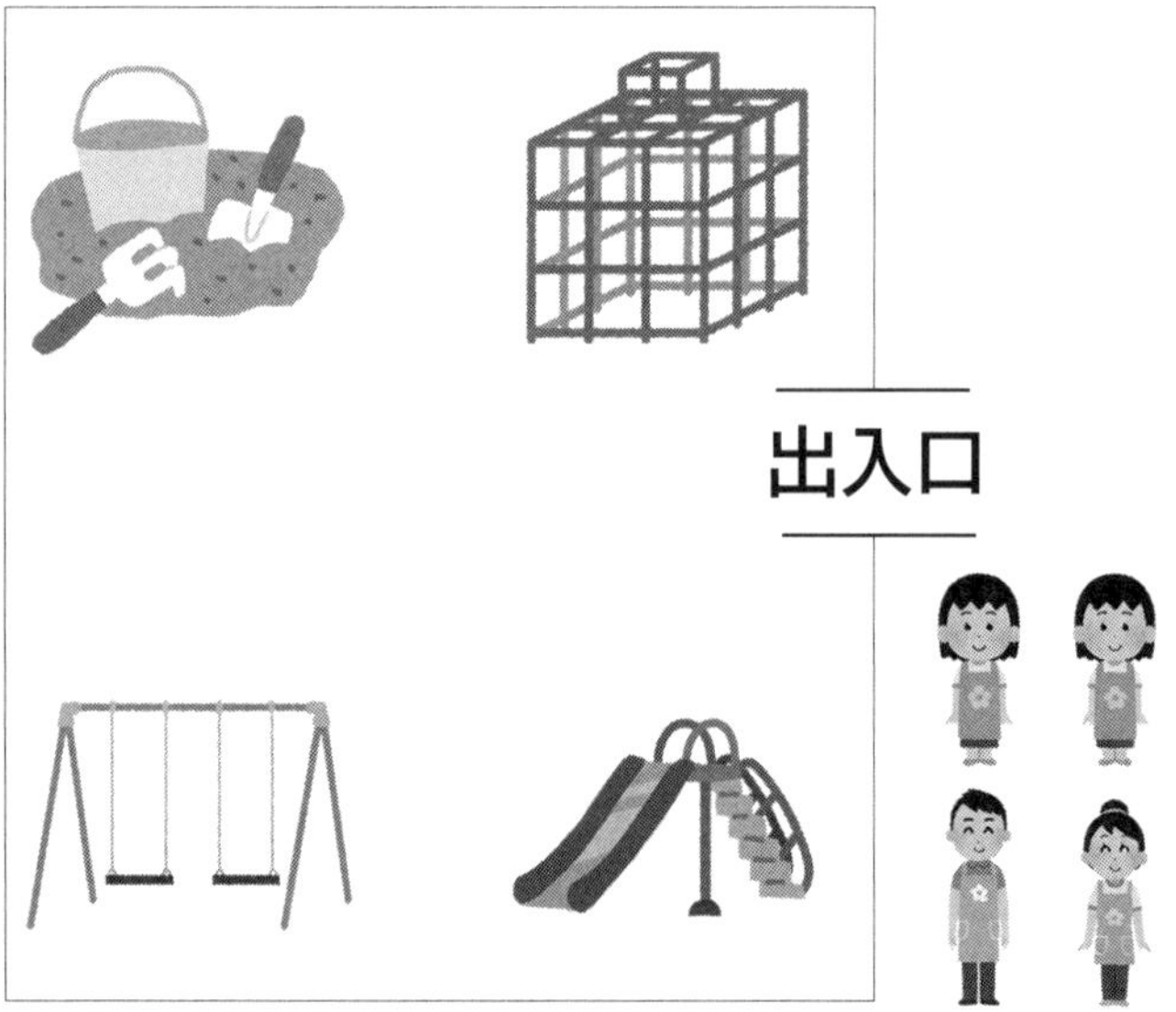

問２　図はお散歩時の状況を表します。引率の保育士３名（新人・中堅・ベテラン）がいる場合、各保育士の配置を①〜③にあてはめ、その理由を述べなさい。

山本勇伍
（やまもと・ゆうご）

オハナ保育園・園長。

1986年、福岡県生まれ。

幼少期は野球に明け暮れ、高校時代には投手として甲子園出場を果たす。

高校卒業後、地元の企業に入社。営業マンとして優秀な成績を残し、24歳で独立するが、東日本大震災の影響で厳しい状況に追い込まれる。

その頃、息子の通っていた保育園でのトラブルをきっかけに、自ら保育園を立ち上げることを決意。当初は保護者の信頼を得るのに苦労したが、試行錯誤の末、現在は3園を運営し、園児150人、スタッフ30人を抱える保育園にまで成長させる。本書が初の著作となる。

子育ての悩みは保育士に聞いてはいけない

2024年12月27日　初版　第1刷発行

著　者　　　山本勇伍
発行所　　　株式会社 游藝舎

東京都渋谷区神宮前二丁目28-4
電話 03-6721-1714　FAX 03-4496-6061

印刷・製本　　中央精版印刷株式会社

ISBN978-4-911362-01-3 C0037